TÉCNICAS BÁSICAS DE CORTES

CÓMO CONSEGUIR CLIENTES

GANE
DiNERO

CORTANDO
EL CABELLO

Antonella Bornnia

Bornnia, Antonella
   Gane dinero cortando el cabello - 1a ed. - Buenos Aires:
Dos Tintas, 2008.

   1. Peluquería. I. Título
   CDD 646.724

Colaboración especial:
Oscar Bouchet

ÍNDICE

» iNTRODUCCiÓN

Seguramente alguna vez le cortó el cabello a su hijo; o le aplicó la tintura a una amiga; o se recortó las puntas de su propio cabello. En esas oportunidades, tal vez pensó que cuenta con habilidades para esas prácticas porque los resultados fueron exitosos y tanto usted, como sus "clientes" circunstanciales, quedaron satisfechos…

Este libro lo que le propone es "despertar" esas habilidades y convertirlas en un buen negocio que le reporte ingresos extra. No se trata de insinuar en estas páginas que con su lectura se convertirá mágicamente en un experto peluquero/a. Sí, lo que proponemos es introducirlo en un mercado con un amplio campo de acción. Las nociones básicas que se presentan sirven como guía para aquel que quiera potenciar sus conocimientos y encontrar una actividad reditualbe con un bajo costo de inversión.

El ingreso de dinero será efectivo si la actividad se toma como un emprendimiento y no como un pasatiempo. Quien quiera apostar a convertir en un negocio sus habilidades relacionadas con el mundo de la peluquería, tendrá aquí las pautas básicas, tanto prácticas como comerciales, como para llevarlo adelante.

INTRODUCCIÓN
AL MUNDO
DE LA PELUQUERÍA

» HiSTORiA DEL ARTE DE CORTAR EL CABELLO

Egipto es la referencia más antigua que se tiene sobre la existencia de cuidados en el cabello. En esa sociedad, la mayoría de los habitantes comunes se rapaba la cabeza. En cambio, sacerdotes y gobernantes cuidaban mucho de su cabello, exhibiendo diferentes peinados y pelucas. También, fueron los egipcios quienes descubrieron que la henna permitía obtener diferentes colores sobre el cabello.

Por su parte los griegos, que hicieron del culto a la belleza algo fundamental, lograban peinados con muchos detalles y ondulaciones, como se pueden observar en las diferentes estatuas que de la época se conocen.

En Roma, se heredaron algunos gustos griegos y para sus mujeres fue una obsesión el teñido del cabello, utilizando, aunque no muy saludablemente, sebo de cabra y ceniza de haya. La extensa duración del imperio romano hizo que los peinados fueran variando durante su expansión y colonización, adquiriendo algunas costumbres de los pueblos que conquistaban. Es por ello, que las peluquerías pasaron a tener un rol preponderante en la sociedad.

Tras la caída del imperio romano, y durante la Edad Media, no hubo grandes cambios en la "industria" de la belleza. Las mujeres se peinaban con una sencilla raya al medio y con trenzas que rodeaban sus cabezas. Esto se debía en gran parte al recato y al ostracismo creativo que predominaba en la sociedad.

En cambio, entrado el Renacimiento, los peinados pasaron a ser más sofisticados y comienzan a utilizarse accesorios como redecillas, trenzas postizas y joyas entrelazadas. Acompañando esta etapa, empieza a tomar impulso la cosmética facial a través de cremas y ungüentos especialmente elaborados con productos naturales.

La moda del pelo rojo fue impuesta por las venecianas y extendida a gran parte de Europa. De esta manera, nació la tendencia por cambiar el color natural del cabello.

Durante los siglos XVII y XVIII, las fiestas y los bailes de la aristocracia burguesa realzaron el interés por la apariencia física y todo lo relacionado con la belleza. De esta manera, proliferaron las pelucas, que eran una manera de hacer diferencia entre clases sociales. Luis XIV, de Francia, fue el principal impulsor.

LUIS XIV Y LA MODA DE LAS PELUCAS.

Todo ese esplendor motivó que se comenzaran a fabricar artificialmente rizos y tirabuzones, tan de moda durante los períodos barroco y rococó, respectivamente.

La ostentación de aquellos tiempos se vio disminuida a partir de la Revolución Francesa, hacia fines del siglo XVIII, cuando comenzó a utilizarse nuevamente el cabello natural.

El "oficio" de peluquero proliferó durante el siglo XIX, atendiendo inicialmente a domicilio a clientas de las clases más altas. Por su parte, los hombres acudían al barbero. En esos tiempos, la sencillez en los cortes y los peinados marcaban los pasos de la moda.

Hacia finales del siglo XIX, la aparición de los colorantes sintéticos que no dañaban el cabello fue una verdadera revolución, utilizados en un comienzo por las clases más acomodadas.

Los salones de belleza empezaron a proliferar en pleno siglo XX, ayudados por la diversidad de productos y por los cambios en las modas de manera sistemática. Las grandes empresas comenzaron a invertir en belleza y se fue creando un mercado en constante crecimiento.

El cine aportó su grano de arena para que los actores y las actrices marquen tendencia y sus peinados sean imitados por el público en general. De allí hasta nuestros días, la industria creció a pasos agigantados y el peluquero se ha convertido en un aliado de la belleza y la estética.

MARILYN MONROE Y ELVIS PRESLEY MARCARON TENDENCIA EN SU ÉPOCA Y SUS CORTES FUERON IMITADOS POR LA GENTE.

HERRAMIENTAS
Y CORTES

» iNTRODUCCiON AL CORTE DE CABELLO

Como ya mencionamos al principio, este libro no intenta ser un "curso práctico" de peluquería. Lo que pretende es orientar a quienes cuentan con ciertas habilidades para cortar el cabello o trabajar en la estética personal, para dar comienzo a un emprendimiento que le puede significar un incremento en sus ingresos.

En este capítulo nos adentramos de manera específica y puntual en todo lo que tiene que ver con el rol del peluquero: las herramientas indispensables, las técnicas básicas y los cortes más adecuados según el tipo de rostro. También, una guía sobre cortes más utilizados en hombres y mujeres.

Como en toda actividad, la práctica es la mejor aliada para adquirir experiencia, por eso es fundamental, antes de comenzar a conseguir clientes, ejercitar los movimientos básicos que todo peluquero realiza con las manos. El trío que conforman el cabello, la tijera y el peine deben desenvolverse con armonía y coordinación para trabajar con comodidad y hacer un corte efectivo. Sin demasiada inversión, se puede conseguir una cabeza con base de telgopor y una peluca, con la cual practicar sin necesidad de cortar. Este ejercicio es fundamental para adquirir naturalidad en los movimientos y así poder soltarse a la hora del corte real.

Y recuerde… siempre comenzar con los cortes más simples. Nunca quiera avanzar más de lo que sus habilidades le permiten. Cometer este error puede arruinar todo lo bueno que pueda haber hecho.

» LAS HERRAMiENTAS DE TRABAJO

Para comenzar con nuestra peluquería básica no es necesario contar con todos los elementos que comúnmente observamos en un salón de belleza o peluquería tradicional. De todas maneras, en este capítulo se presentan la mayoría de ellos y su manera de utilizarlos convenientemente para cada tipo de corte.

TIJERAS

El filo es la característica básica que determina el tipo de tijera que se utiliza. Así, el llamado filo dulce es el más común, el navaja es el que más se utiliza para los desfilados, o el microdentado que se usa fundamentalmente para cortes más precisos.

FILO DULCE

Es la más utilizada y se adapta a varios tipos de corte. Haciendo deslizar su filo a través de la mecha, se logra el efecto de entresacado.

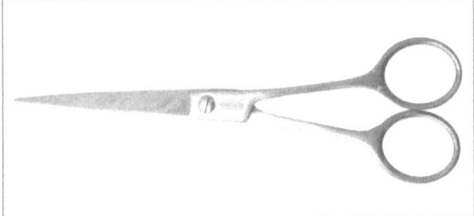

MICRODENTADA

Sus microdientes en uno de los filos atrapan el cabello por cortar, obteniendo precisión en el corte.

TIJERA DE PULIDO

Es ideal para corregir posibles defectos remanentes luedo de efecutado el corte. Se utiliza para la terminación de detalles de volumen y presentación.

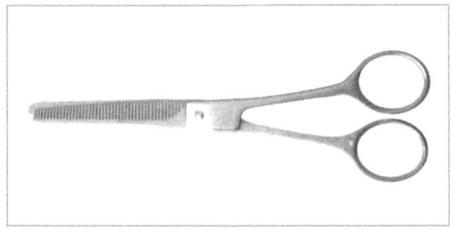

TIJERA DE ENTRESACADO

Ideal para cabellos vo-luminosos, porque se pueden entresacar capas intermedias y, con ello lograr un menor volumen de cabello.

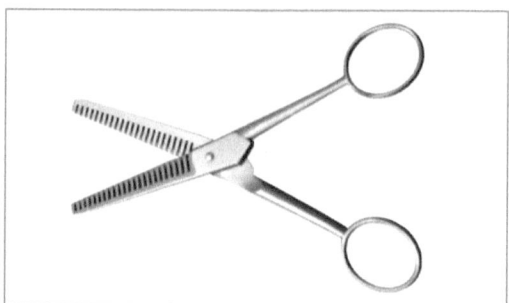

NAVAJA

La navaja es una herramienta fundamental en toda peluquería. Su adecuada utilización permite conseguir volúmenes y acabados distintos a los de la tijera. Su función principal es vaciar espesores o buscar volúmenes depurados, logrando un efecto estético desfilado.

La navaja más común es la de doble cuerpo, con un mango que va unido a la hoja o por un eje que permite abrirla y cerrarla. Otras son las de mango rígido.

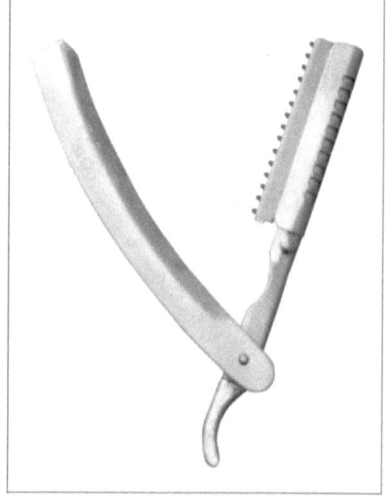

MÁQUiNAS

DE TERMINACIÓN

Es la más común y a la que puede acceder quien comience en esta actividad. Se pueden conseguir en diversos comercios del ramo y a un costo accesible, debido a que funcionan mediante un electroimán que vibra y produce el corte. Se utiliza para detalles de terminación en nuca, bigote, barba, patillas etc.

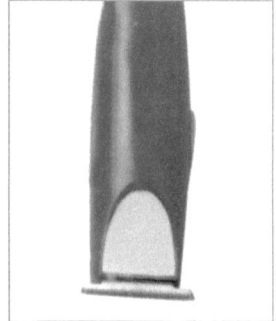

DE CORTE PROFESIONAL

Son más costosas porque su funcionamiento es a motor. Se le pueden incorporar "alzadas" según la necesidad y el largo del corte.
Las máquinas de corte deben ser utilizadas con sumo cuidado. No sólo sirven para rapar o cortar muy corto el cabello. Su adecuado uso permite realizar ajustes, terminaciones y cortes con formas y estilos.

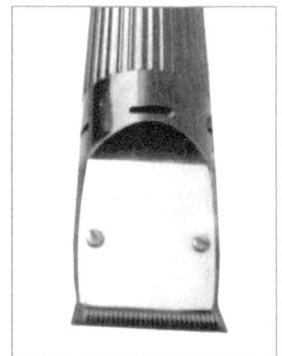

PEINES Y CEPILLOS

La historia del peine es antiquísima. Se estima que el más primitivo fue utilizado por tribus africanas y estaba formado por la espina de un pez de gran tamaño. Pero fueron los egipcios quienes fabricaron los primeros peines similares a los que se conocen en la actualidad, utilizándolos para peinar el cabello y fijar un peinado. Hoy, existen en el mercado una gran variedad de peines y cepillos. Aunque parezcan todos iguales, hay un cepillo para cada necesidad y cumplen diferentes funciones. Todos los redondos sirven para modelar el cabello y su formato varía según el tipo y la cantidad de cabello. Aquí presentamos los básicos, los que no pueden faltar en una peluquería casera.

PEINE PROFESIONAL

El más utilizado para arrastrar el cabello en todo tipo de corte. Es el compañero inseparable de la tijera.

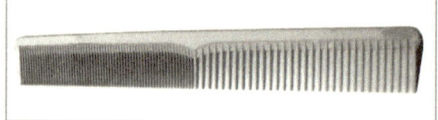

PEINE DE DIENTES ANCHOS

Ideal para ordenar el cabello sin aplastarlo por sus dientes separados, permite además, mechitas de cabello para su posterior corte con tijera.

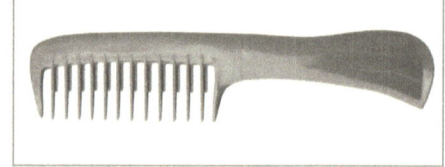

CEPILLO ARAÑA

Sirven para modelar rápidamente y ayudan a dar forma. Son ideales para retoques.

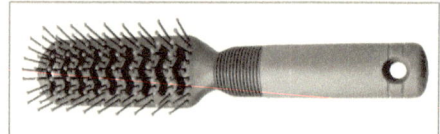

SECADOR DE CABELLO

Los orígenes del secador del cabello se remontan al año 1920, cuando aparecieron los dos primeros
modelos en Estados Unidos, producto de una mezcla entre una li-
cuadora y una aspiradora. Inme-
diatamente adquirieron populari-
dad entre las mujeres y en los
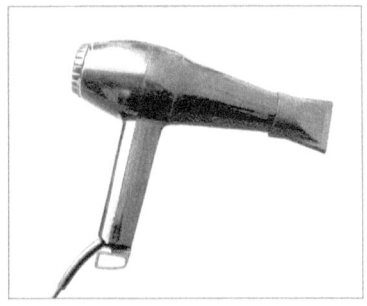
años 60 también lo adoptaron los hombres, cuando comenzó a
usarse el cabello más largo.
En nuestros días, existen diversidad de modelos, pero sólo necesitamos inicialmente uno frío/calor, para que cumpla la doble
función de secado y fijador del *brushing*.

SACAPELOS

Se utiliza para sacar los restos
de cabellos que quedan en el
cuello y en las orejas. Pueden
ser de cerda o de nailon.

ROCIADOR DE AGUA

Es indispensable contar con un rociador,
para humedecer uniformemente el cabello
y así facilitar determinados cortes.

Otros elementos: Separadores o broches / Peinador o capa / Espejo de pared / Espejo de mano

» ACCESORiOS PARA EL CABELLO

Muchas veces, intentar conseguir un buen peinado se ve frustrado por la falta de algunos accesorios que son ideales para lograrlo. Hablamos de horquillas, hebillas, postizos o peinetas, entre otros. Aquí, una breve descripción de cada uno de ellos.

VINCHAS TRENZADAS

Ideales para tener la frente despejada y al mismo tiempo lucir un peinado perfecto. Existen algunas que imitan el cabello y sientan muy bien.

MOÑOS

Algunos son muy sofisticados y permiten presentar un elegante peinado de noche. Los moños se ajustan con pequeñas hebillas al cabello, adquiriendo una semejanza a la *bijouterie*. Es muy importante saber elegir el color contrastando con los claros y los oscuros.

HEBILLAS

Más allá de sostener las mechas rebeldes que pueden caer sobre el rostro, las hebillas complementan el estilo de un peinado. Además, al sujetar el cabello, permiten resaltar las facciones del rostro con mayor intensidad. Las hay de todo tipo: con brillos, piedras, colores tornasolados y artesanales.

GANE DiNERO CORTANDO EL CABELLO |

» CONSEJOS Y SUGERENCiAS ANTES DE COMENZAR

• Para niños, el corte más sencillo es con máquina y alzada, regulando el largo de acuerdo con la preferencia y con la necesidad del cliente.

• El corte mecha a mecha también es de los denominados sencillos. Se debe seccionar la cabeza mecha a mecha, luego tomar y cortar cada mecha en todo el perímetro de la cabeza, siempre manteniendo el mismo largo. Finalmente, delinear los costados y la nuca. La medida del largo se regula con los dedos (dos, tres, cuatro, etc.).

• Una variante para el corte anterior, es con los laterales más cortos que en la parte superior de la cabeza.

• Para un corte mecha a mecha, es indispensable humedecer homogéneamente el cabello y trabajar con tijera.

• Cuando se utiliza máquina, generalmente se corta con el cabello seco.

• Ante un cliente de pelo enrulado que quiera lucir sus rulos, lo ideal es despuntar y sacar poco volumen.

Los "NO" del peluquero

• NO iniciar un corte sin previamente definir con el cliente claramente el estilo de corte que pretende.

• NO desmechar un cabello muy débil o fino.

• NO cortar el cabello muy corto en zona de remolinos.

página [23]

» TÉCNICAS BÁSICAS DE CORTE

Si bien existen diferentes tipos de cortes que van cambiando con el rumbo de la moda, en peluquería se utilizan diferentes técnicas de corte que se aplican a cada uno de ellos. Aquí le presentamos, paso a paso, las más utilizadas con las diferentes herramientas descritas anteriormente.

Desmechado

PASO 1

Se humecta el cabello con el rociador de agua en forma homogénea para facilitar el trabajo.

PASO 2

Se separa cada mecha con el peine y se pinza el cabello con los dedos para aprestar el corte.

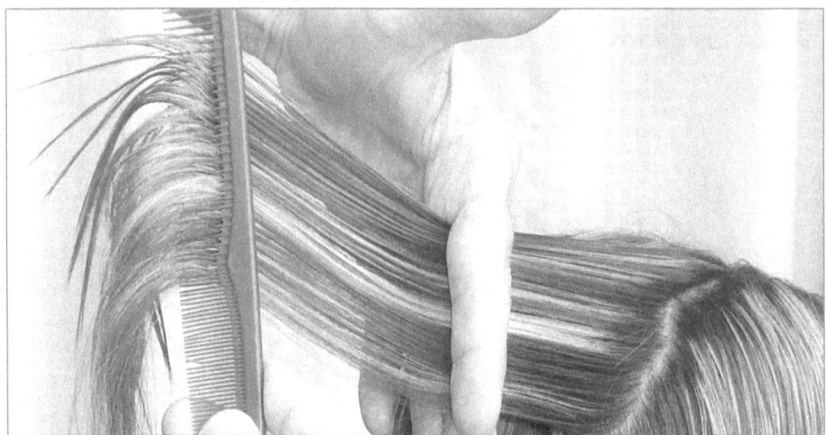

PASO 3

Con navaja, se desfila en puntas para restar volumen.

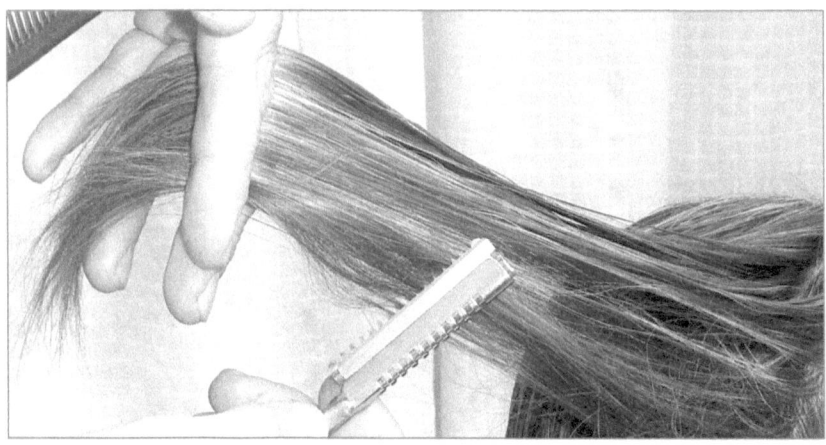

Despuntado

PASO 1

Se humecta el cabello, se peina y se toma una mecha pinzándo-la con los dedos.

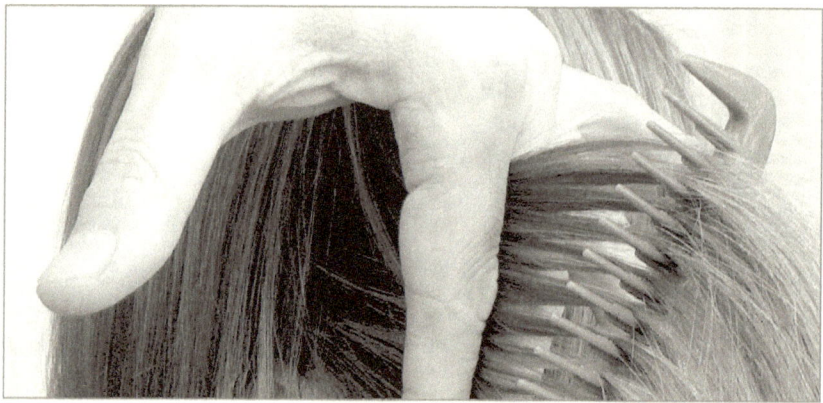

PASO 2

En la mitad del largo de cabello, se corta con tijera de pulir.

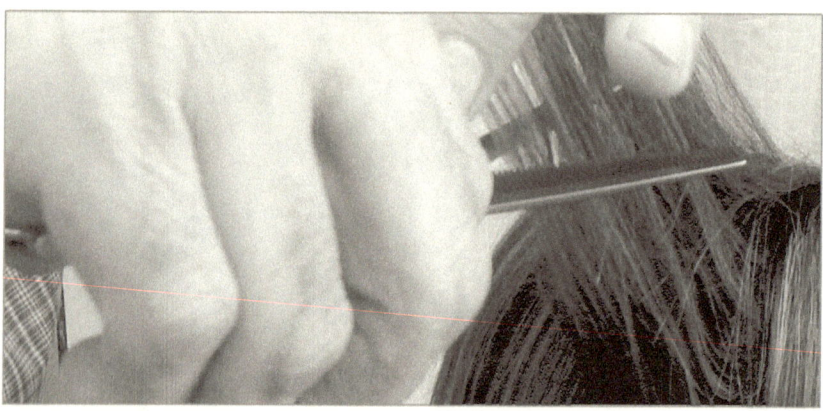

PASO 3

Se efectúan cortes diagonales en las puntas con tijera, para lograr mayor naturalidad y movimiento del corte; y también, de deshacerse de las puntas florecidas.

Sacar volumen

PASO 1

Con el cabello húmedo, se realizan sectorizaciones por medio de torzadas.

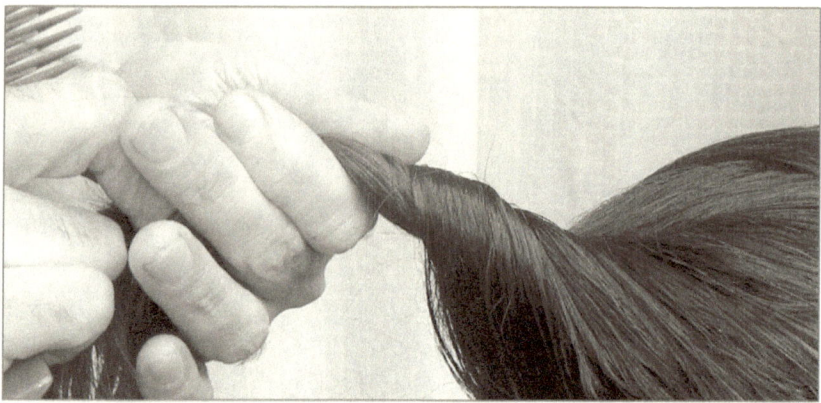

PASO 2

Se abrocha la mecha con un sujetador.

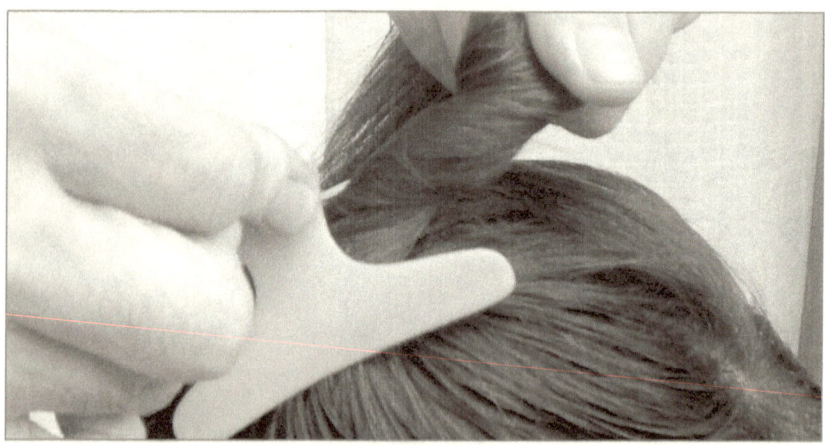

PASO 3

Se extiende el cabello pinzándolo hacia abajo y se corta con navaja a mitad del largo en forma perpendicular. De esta manera, se resta volumen al cabello.

PASO 4

Se desfila de arriba hacia abajo a lo largo de toda la cabellera.

Flequillo dama

PASO 1

Se divide el cabello en forma triangular desde la cúspide hasta la zona frontal.

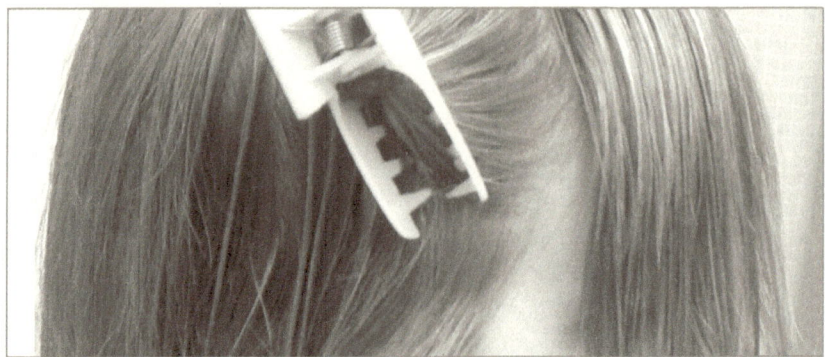

PASO 2

Se corta el flequillo con tijera filo dulce en forma horizontal, o inclinándola hacia un lateral si es que se desea un peinado hacia el costado.

Corte carré

PASO 1

Se humedece el cabello y se peina para establecer el largo desea-do. Se toma una mecha como guía, por ejemplo, a la altura del mentón.

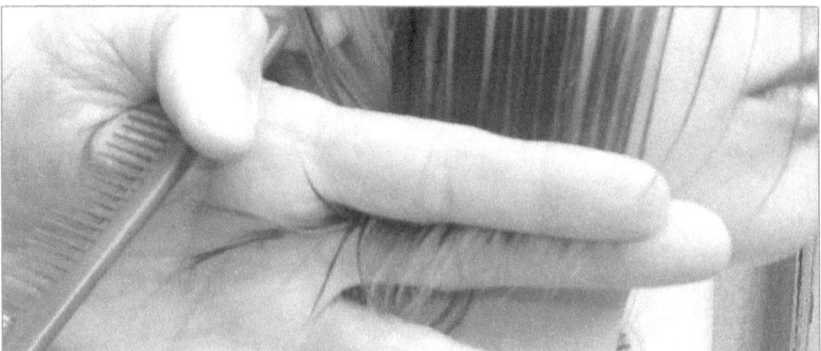

PASO 2

Se pinza con los dedos cada mecha y se corta todo el perímetro para lograr así un corte simétrico o asimétrico.

Escalonado niño

PASO 1

Se moja el cabello y en los laterales se toma mecha por mecha con dos dedos, ayudándose con el peine.

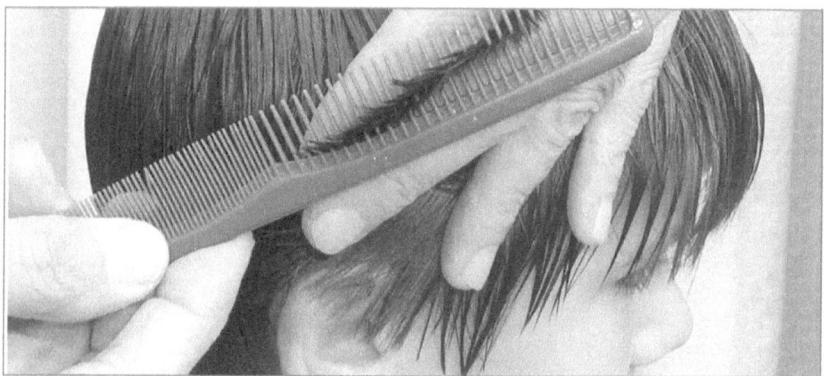

PASO 2

Se corta con tijera filo dulce o microdentada.

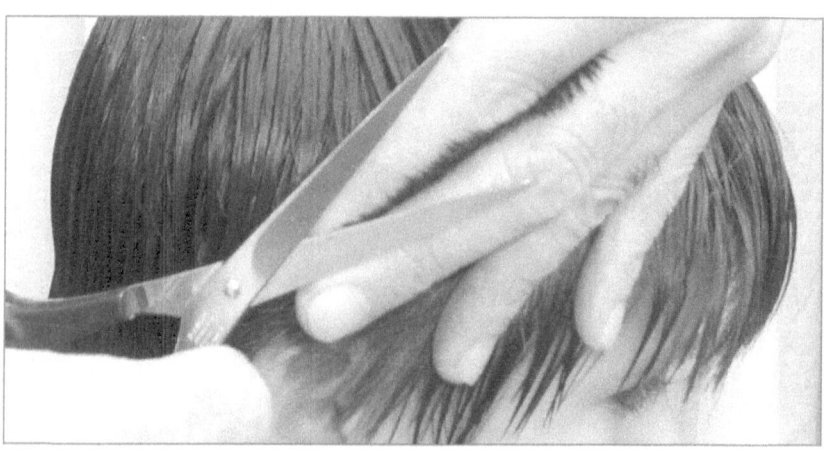

PASO 3

En la cúspide, se degrada con tijera de entresacar toda la zona, logrando mezclarse con los laterales previamente escalonados.

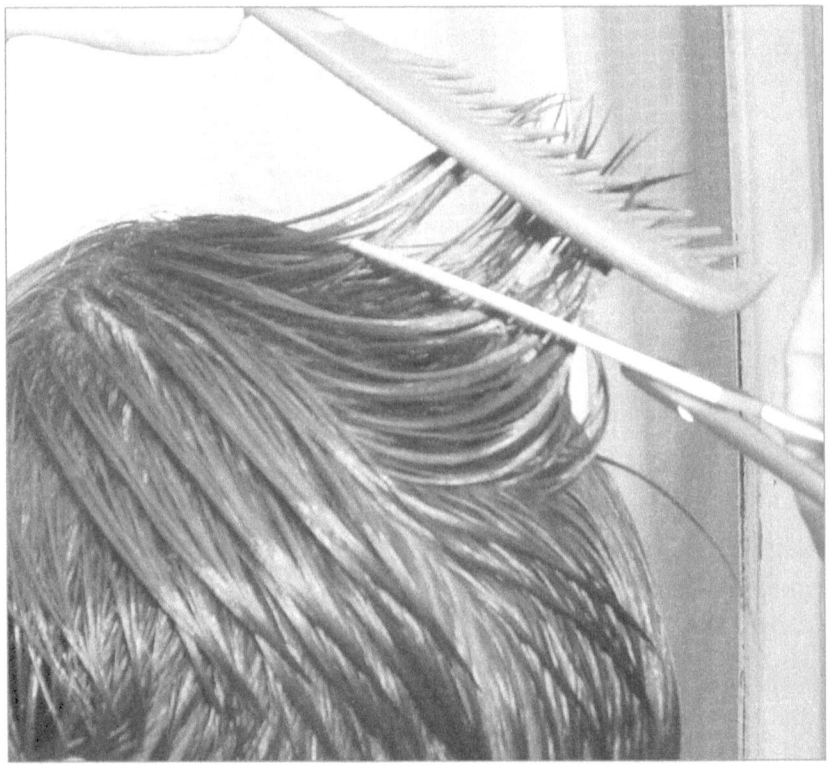

Flequillo niño

PASO 1

Se humecta el cabello y se peina desde la cúspide hasta la frente.

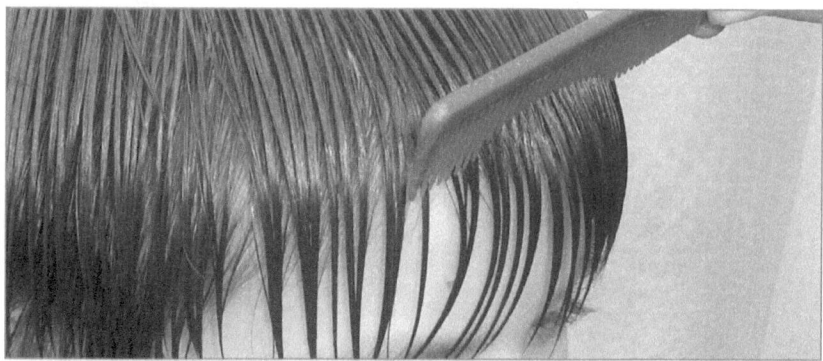

PASO 2

Se corta el flequillo con tijera a la altura de las cejas, siguiendo su contorno.

PASO 3

Si se prefiere un flequillo más natural, se despunta en forma diagonal al sentido del cabello.

Patilla niños

PASO 1

El cabello previamente mojado se peina hacia la zona frontal.

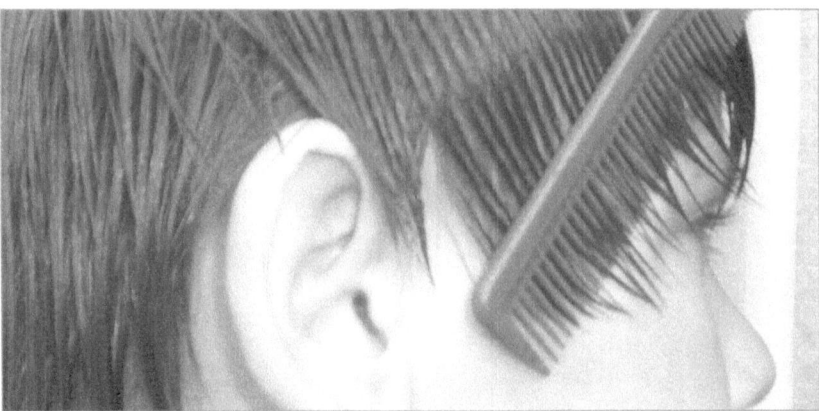

PASO 2

Se corta la mecha en sentido diagonal (desde la base del ojo hasta la base de la oreja).

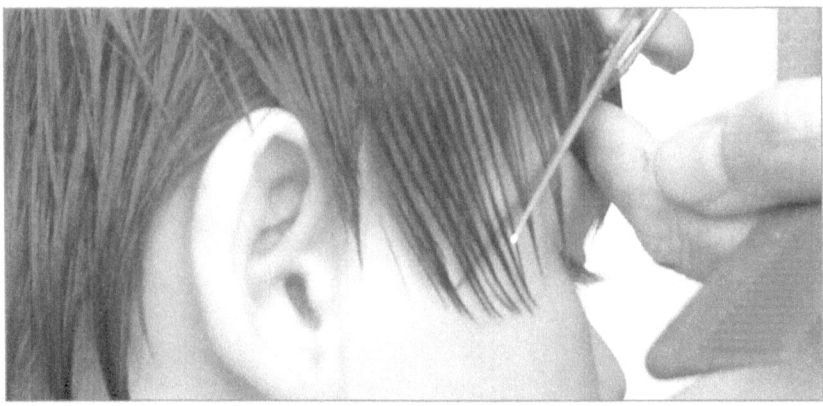

PASO 3

Se peina hacia abajo y se efectúa el corte (se toma como referencia el lóbulo de la oreja).

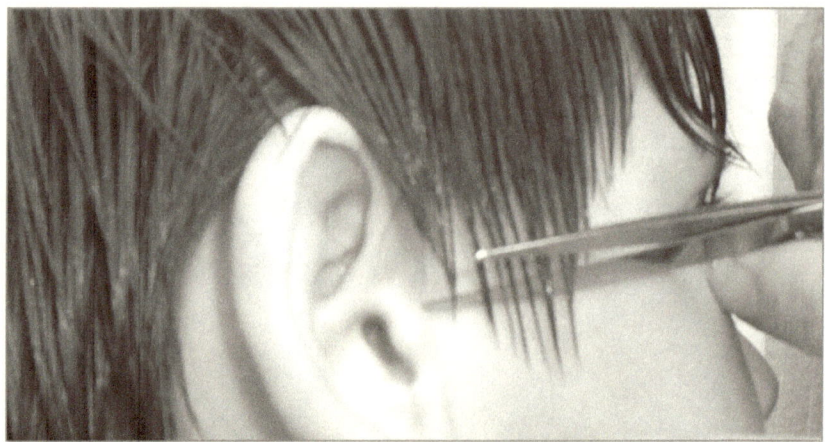

PASO 4

Vista del nivel de corte con tijera.

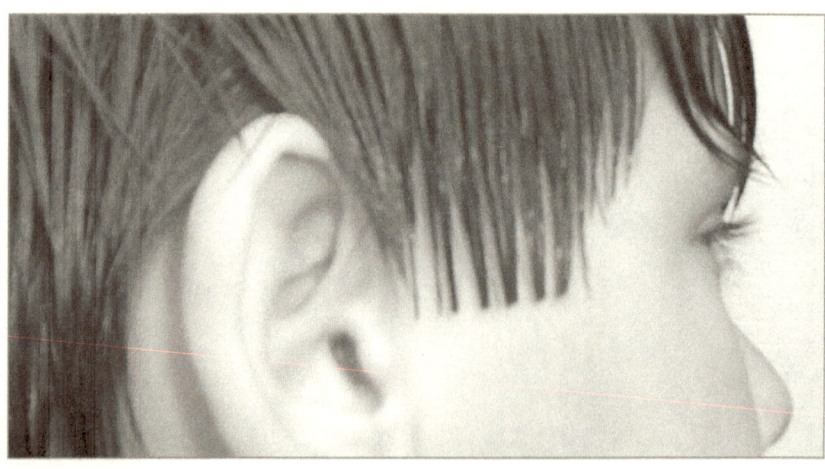

PASO 5

Variante de marcado de patillas con máquina.

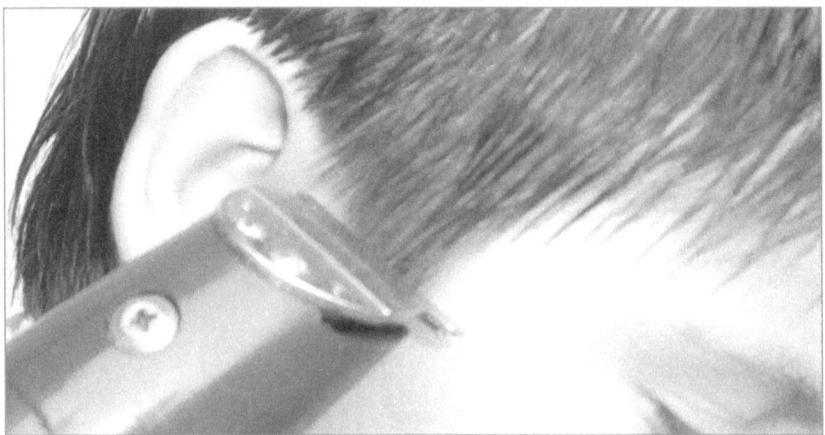

PASO 6

Se peina el cabello en sentido de la oreja y se lleva ésta para atrás. Se corta en su nivel superior siguiendo su contorno.

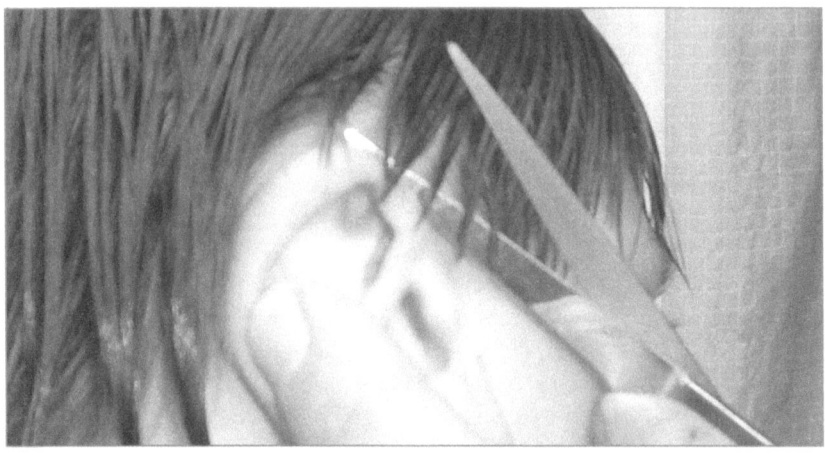

Nuca niño

PASO 1

Se peina el cabello hacia la base de la oreja, la cual se dobla con la mano libre para facilitar el corte.

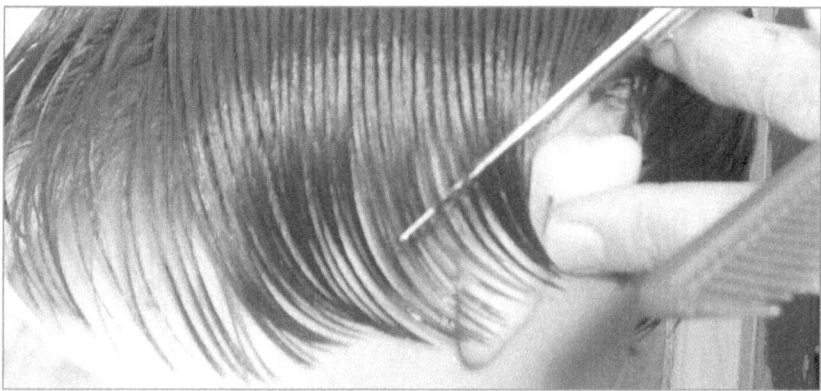

PASO 2

Se corta con tijera filo dulce.

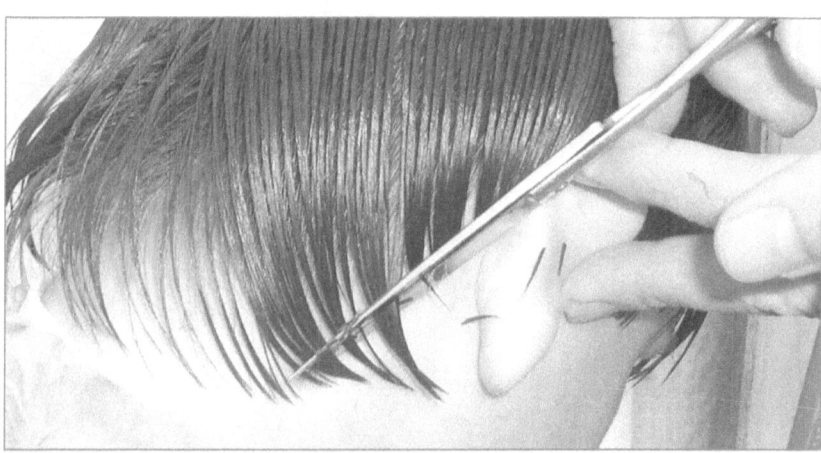

PASO 3

Vista del lateral de la nuca con el corte realizado.

VARIANTE CON MÁQUINA

También se puede efectuar el corte con máquina adicionándole una alzada, según sea el largo deseado.

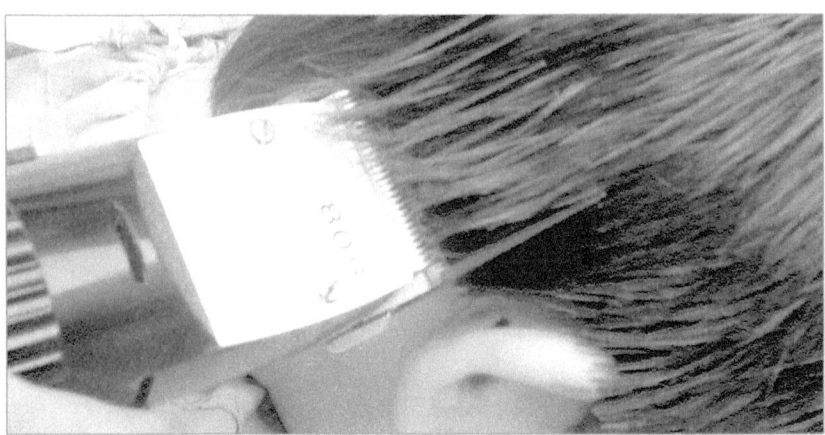

Corte escalonado hombre

Este corte es muy utilizado y se realiza en todo el cabello en un ángulo de 90° respecto de la cabeza, distribuyendo el volumen y logrando la misma longitud del cabello en la parte exterior.

• Peinar el cabello desde el centro de la parte superior de la cabeza, para lograr una línea de guía (raya al medio).

• Peinar un mechón hacia arriba y cortar el cabello de manera vertical, sacando la cantidad de centímetros de cabello que se desee de acuerdo con el largo convenido con el cliente.

• Es muy importante que el mechón que se corte no se desvíe, para garantizar una línea de guía exacta para el posterior escalonado. Se toma este mechón como punto de referencia.

• Realizar el mismo procedimiento en la parte posterior de la cabeza, tanto de sacado de mechón como de corte.

• Es importante conseguir una unión exacta entre la parte superior y la parte lateral de la cabeza.

• Para continuar, sacar mechones verticalmente a partir del mechón inicial.

• Tomar algo del mechón cortado previamente y cortar hasta detrás de las orejas.

• De esta manera, se evitan diferencias de longitud de un mechón a otro.

• Para cortar los laterales, se hace una división peinando el cabello hacia a bajo a partir de la sien, delimitando un línea divisoria entre la parte superior y el costado de la cabeza.

• Sacar un mechón y, formando un ángulo de 90° respecto de la cabeza, cortar paralelamente a la línea de la cara.

• De esta manera se consigue la unión entre la parte superior y lateral de la cabeza.

• Sacar un mechón fino y horizontal de la curva de la cabeza. Peinar el cabello y cortar la punta manteniendo los dedos y el peine como guía de línea.

• Para un acabado correcto, con el pelo seco, cortar con la punta de la tijera para asegurar un contorno uniforme.

• Tanto en la nuca como en las patillas, eliminar pequeños pelos finos con navaja.

Corte largo clásico

Para este tipo de corte, en el que sólo se cambia el largo, hay que tener en cuenta las características naturales del rostro para que una vez cortado, la caída del cabello sea armoniosa.

• Este corte es muy solicitado y se realiza en forma compacta, cayendo todo el cabello en una línea.

• Inicialmente hay que peinar el cabello suavemente.

• En la parte posterior de la cabeza, presentar una línea central lo más exacta posible.

• Separar el cabello hacia delante por cada uno de los costados de la cabeza y dejar un mechón sobre la nuca.

• Cortar y controlar la guía.

• Continuar haciendo divisiones delgadas de cabello para que la línea guía situada debajo se pueda observar.

• Es importante recordar que cuanto más delgados sean los mechones, más exacto será el corte.

• Para continuar con los laterales, se debe peinar haciendo una línea horizontal sobre la oreja para trabajar el largo libremente.

• Hay que inclinar la cabeza de la clienta hacia el otro lado y cortar.

• Para observar si el largo está parejo, con el cabello seco peinar hacia abajo y controlar.

» ALGUNAS CONSiDERACiONES PARA TENER EN CUENTA

Tipos de cortes según la forma del rostro

MUJERES

En muchas oportunidades, las mujeres eligen un corte que, por su tipo de rostro, no le sentará bien. En esos casos, lo mejor es saber aconsejar antes que el resultado final no sea satisfactorio, puesto que en ese caso, seguramente se perderá al cliente. Brevemente, se describen los tipos de cortes que mejor le sientan a cada tipo de rostro.

Rostro cuadrado

El mentón ancho hace que se presente una forma cuadrada de rostro. Siendo así, se busca estilizar el perfil, con peinados más bien naturales y sueltos, creando capas y volumen al cabello. No son aconsejables los cabellos largos.

Rostro acorazonado

Este tipo de rostro, con forma de corazón, presenta un mentón corto y angosto. Generalmente, tienen una expresión simpática. Son aconsejables los flequillos que equilibran el mentón. También, los cabellos semilargos, que caen justo en la base del rostro y de esta manera lo ensanchan.

Rostro ovalado

Es el tipo de rostro ideal, porque permite elegir cualquier tipo de corte.

Rostro con forma de pera

El peso del corte debe situarse arriba. Lo ideal es contraponer el peso en la parte superior de la cabeza. Un flequillo muy largo lo que permite es cortar la fuerza de los pómulos y de esta manera estilizarlos.

Rostro rectangular

Para este tipo de caras, lo mejor es realzar, aún más que en el caso anterior, el volumen en la parte superior de la cabeza. Son ideales los peinados que tengan muchísimo movimiento y que caigan sobre los pómulos.

Rostro redondo

Lógicamente, lo que aquí se debe buscar es estilizar las facciones con peinados lacios y largos para que caigan bien sobre el rostro y se vea más angosto. Si se decide por un corte corto, es fundamental que el pelo caiga bien pegado sobre el rostro, con muy poco volumen.

HOMBRES

Rostros ovalados o con poca pera

Convienen los cabellos cortos.

Rostros rectangulares

Se pueden utilizar estilos modernos. Se resaltan con cortes en donde apenas hay un poco de volumen en la parte superior.

Rostros con orejas grandes
Conviene que el cabello las cubra. Los cortes cortos no son aconsejables.

Algunos cortes femeninos

• El corte "carré" se caracteriza por tener mucho movimiento y su largo es por sobre los hombros. El desmechado es a partir de la boca y el flequillo al costado también debe ir desmechado. Se utiliza tijera filo dulce y su terminación puede ser con tijera de pulir o navajín.

• Para un corte que pretenda enmarcar un rostro redondo se aconseja un largo intermedio en la parte de atrás, en gajos. En cambio, sobre la parte de adelante se hacen mechas más largas para afinar la cara sin flequillo. Se utiliza tijera filo dulce. Se termina con tijera de pulir en la nuca y los laterales. También se puede terminar con navaja.

• Para un cabello largo se lo mantiene por debajo de los hombros. Se cortan varias capas más cortas combinando algunas mechas largas y rebeldes con un flequillo que cae sobre los ojos no muy tupido. Se realiza con tijera filo dulce o microdentada. Hay que pulir todas las puntas para una mejor terminación.

• Para un cabello ondulado muy erizado y fino hay que alivianarlo en capas intermedias para lograr que el cabello no se erice. Es importante potenciar el flequillo para que quede más definido y mantenerlo lacio con *brushing*. El resto debe secarse solo o con difusor. El corte se realiza con tijera filo dulce y no se debe pulir.

• Los cortes clásicos de pelo lacio, incluyendo largas melenas, se pueden realizar mojados con tijera microdentada o filo dulce. O en seco, con máquina de corte, ya que su terminación es recta.

Tipos de cabello

Desde el punto de vista del tratamiento, el pelo se clasifica en normal, seco o graso, y según este diagnóstico se lo debe cuidar para que mantenga la salud y el equilibrio de la fibra, y conserve un aspecto brilloso y dócil.

Cabellos normales
Su imagen es atractiva. Tiene movimiento natural, brilla y no tiene fisuras. La mayoría de los cabellos de niños y adolescentes son normales.

Cabellos secos
Son opacos y se quiebran con facilidad debido a su falta de elasticidad. Por su falta de humedad, es importante hidratarlos y nutrir su ausencia de grasa para devolverle equilibrio.

Cabellos grasos
Brillan pero por el exceso de grasa. Esto se origina por una abundante actividad de las glándulas sebáceas. En algunos casos, esto puede ocasionar la caída del cabello. Deben tratarse con productos astringentes que disminuyen la presencia de sebo.

El rol de la alimentación para un cabello sano

La caída del cabello o la falta de brillo son consecuencia de una alimentación escasa en frutas, verduras, legumbres o cereales.

Lo ideal, para mantener un cuidado físico y estético, es consumir un equilibrado nivel de fibras, grasas, proteínas y carbohidratos.

Las fibras se encuentran en los vegetales y en el germen de trigo.

Las grasas básicamente se encuentran en los aceites vegetales de oliva, girasol, maíz o uva, entre otros.

Las proteínas están en la carne, los huevos, la leche, los cereales y legumbres.

Los carbohidratos son también fundamentales para obtener un equilibrio energético del organismo.

Alimentos recomendados para un buen cuidado del cabello y la salud física:

• Frutas y hortalizas
• Abundante agua diaria
• Leche descremada
• Ensaladas verdes

En cambio, no son recomendables:

• Frituras
• Grasas
• Café
• Tabaco

EL LUGAR DE
TRABAJO Y LOS
ASPECTOS LEGALES

GANE DiNERO CORTANDO EL CABELLO |

Para este tipo de emprendimiento, no es necesario contar con una gran estructura ni invertir en mobiliario. De acuerdo con el caudal y con la periodicidad de clientes, cada uno armará su lugar de trabajo en el sector más conveniente del hogar. Puede ser una habitación que no se utiliza comúnmente, el living o estar o bien, un garaje en buenas condiciones.

Si el ambiente elegido se utiliza frecuentemente (como puede ser el living o estar), lo mejor es armar el lugar de trabajo de manera tal que cuando no se realicen cortes de cabello, no altere su normal utilización. Si se utiliza un espejo de pared para trabajar, puede quedar en el mismo sitio el resto del tiempo, como así las herramientas de trabajo, que bien pueden guardarse en un cajón o caja acondicionada a tal fin.

Otro elemento importante a tener en cuenta es el asiento del cliente. En un principio no es necesario contar con un sillón regulable del estilo de las peluquerías, pero sí es importante que sea cómodo, tanto para el cliente como para quien sea el encargado del corte.

página [**49**]

La higiene

Mantener el lugar de trabajo limpio es fundamental. Luego de cada corte, barra el sector para que los cabellos no se junten en demasía.

El cuidado de las herramientas de trabajo también es un tema necesario de atender. Tanto las tijeras como la navaja deben guardarse limpias y sin restos de cabellos.

Aspectos legales

Al iniciar una actividad comercial como la relacionada con el mundo de la peluquería, es necesario registrarse ante el ente legal correspondiente de nuestro municipio, departamento, provincia o país según el caso. Cada región tiene sus respectivas legislaciones económicas y laborales que deben cumplirse para obtenerse los permisos y autorizaciones necesarios, aunque se trate de un trabajador artesanal o de una empresa con empleados permanentes. En ese caso, el personal que se encuentre bajo nuestra responsabilidad deberá contar con todas las normas de seguridad pertinentes y recibir todos los beneficios sociales.

En la mayoría de los casos es necesario inscribir y registrar el nombre de la firma. Algunos de los requerimientos pueden ser establecer la fecha de inicio de las actividades, registrar la marca y el proceso de fabricación de los productos.

Paralelamente se debe llevar un registro contable de todos los ingresos y egresos de dinero y entregar un tique o recibo a cada cliente.

PELUQUERÍA
Y ALGO MÁS...

◦ **Depilación**

◦ **Manicuría**

◦ **Máscaras faciales**

Como es sabido, hoy en día las peluquerías no funcionan sólo para cortar el cabello. Es más, se han transformado en sofisticados salones de belleza brindando una gran cantidad de servicios que satisfacen a los clientes e incrementan los ingresos del negocio.

Es por eso que, si bien el objetivo principal de este libro es informar al lector acerca de las posibilidades económicas que puede generar la "peluquería en casa", no es menos cierto que si a ese negocio se le agregan otros servicios, las posibilidades de obtener dividendos pueden ser mayores. Además, un cliente se sentirá más satisfecho si en un mismo lugar, por ejemplo, se puede cortar el cabello y depilarse las piernas. También, "hacerse las manos" o recibir una mascarilla facial de barro para mejorar la salud cutánea del rostro.

En este capítulo encontrará, a modo introductorio e informativo, diversas alternativas de servicios que se pueden agregar al ámbito de una peluquería hogareña. Sólo deberá detectar cuáles son más favorables de llevar adelante de acuerdo con sus posibilidades, e instruirse y perfeccionarse para llevarla a la práctica.

» LA DEPiLACiÓN

La depilación consiste en eliminar el vello de alguna zona del cuerpo. A continuación, detallamos alguna de las técnicas o sistemas que se emplean para el control del crecimiento del vello en diversas áreas corporales.

MAQUINILLA CON HOJA

El pelo no se arranca de raíz, se corta a ras de la piel y no se elimina la raíz. Existen maquinillas que llevan incorporada una banda de aloe vera, una planta suavizante e hidratante, para evitar irritaciones. Para favorecer la regeneración natural de la piel tras la agresión de cualquier depilación se puede utilizar crema posdepilatoria calmante.

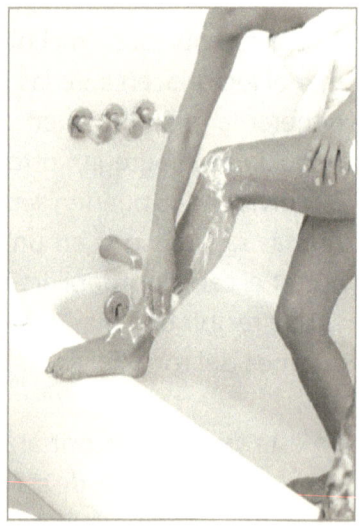

La ventaja de esta técnica es que se puede aplicar en cualquier lugar y con rapidez. Sólo un par de minutos son necesarios para aplicar la espuma y rasurar.

Es el método más rápido y cómodo. Ideal para las axilas y piernas. Descama la piel sensible. Puede aplicarse por todo el cuerpo excepto por el rostro.

Se recomienda para personas con problemas de varices y mala circulación.

MAQUINILLAS ELÉCTRICAS

La máquina pinza el pelo y lo arranca con la raíz. Se puede aplicar por todo el cuerpo, excepto la zona facial. Es un método relativamente rápido y más duradero que los anteriores. Se aconseja utilizar maquinillas que llevan incorporada una banda "antidolor", cuya función es hacer un minimasaje en la zona y alivia el dolor del tirón.

Si se utiliza cada cuatro semanas, el vello va disminuyendo progresivamente. Las máquinas poseen accesorios como cabezales especiales para zonas sensibles y para exfoliar previamente la piel.

CERA

Es el método más conocido de depilación y uno de los más antiguos. La cera se puede aplicar fría, templada o caliente, según las características de la piel. Se disuelven con agua y se extiende en la zona a aplicar arrancándola a contrapelo cuando está seca. Son fáciles de utilizar. Las ventajas que ofrece es que a medida que se realiza este tipo de depilación, el vello se va debilitando cada vez más, y pueden pasar hasta 6 semanas para volver a repetir el método.

• Cera fría
Se utiliza para zonas con escaso vello, como las zonas faciales cercanas a la boca. Generalmente se presenta en papeles que se aplican sobre la piel, utilizando el calor que las manos le brindan al aplicarlos. Es fundamental retirarlos con cuidado.

• Cera tibia o templada
Es la más popular de las ceras. Es recomendada para piernas con pieles sensibles o con algunos problemas circulatorios. Requiere un calentamiento mínimo, incluso en el microondas, y permite una depilación de raíz, sin dejar la piel enrojecida. Como es soluble en agua, los restos son muy fáciles de eliminar.

• Cera caliente
Su utilización ha estado en decadencia y desplazada por la cera templada o tibia.

La conveniencia de la cera templada en cuanto a que no incrementa los problemas circulatorios ni provoca irritaciones en la dermis, ha hecho que desplazara un poco a la cera caliente.

Pasos para la aplicación de cera

Primero se debe limpiar toda la zona que va a ser depilada. Se coloca talco para evitar cualquier tipo de quemadura, sobre todo en la cera caliente. Con una espátula, se deposita la cera siguiendo la dirección del pelo. Luego se colocan bandas sobre la cera, masajeando para que se adhieran bien. Se tira la banda rápidamente y de una sola vez, en dirección contraria al nacimiento del pelo, para que la depilación sea más profunda.
Una vez realizado este procedimiento, es necesario aplicar una crema antiséptica y, luego, una humectante.

» EL CUiDADO DE LA PiEL

Limpieza de cutis
y máscara facial

Otro de los servicios que se puede incorporar a nuestra "peluquería casera", es el relacionado con el cuidado de la piel de las clientas, que va desde una limpieza de cutis hasta una máscara facial. En tal sentido, a modo informativo y para determinar si se puede incorporar este tipo de servicio, brindamos una serie de generalidades que bien se pueden ampliar realizando diversos cursos que se ofrecen en el mercado a un costo accesible.

El cuidado de la piel y los signos del envejecimiento

Nuestro piel cubre la superficie del cuerpo y se une, sin fisuras, con las membranas mucosas de los distintos canales (por ejemplo, el canal alimenticio) en los distintos orificios corporales.

Forma una barrera protectora contra la acción de agentes físicos, químicos o bacterianos sobre tejidos más profundos, y contiene órganos especiales que suelen agruparse para detectar las distintas sensaciones, como sentido del tacto, temperatura y dolor. Cumple un papel importante en el mantenimiento de la temperatura corporal gracias a la acción de las glándulas sudoríparas y de los capilares sanguíneos.

Conocer la piel, cómo está compuesta y qué podemos hacer para ayudar a su salud y su mejor aspecto, es el primer paso para encarar una vida *antiage*.

¿Cómo está formada la piel?

La piel tiene tres capas perfectamente diferenciadas:

• La exterior, también llamada epidermis, que sirve de barrera natural al cuerpo y constituye el principal medio de refrigeración y ventilación.

• La intermedia o dermis, que contiene un rico plexo de vasos sanguíneos, terminaciones nerviosas, vasos linfáticos, glándulas sudoríparas, células grasas y los folículos pilosos.

• La interna, llamada hipodermis o tejido celular subcutáneo, que contiene el tejido graso, los vasos sanguíneos y linfáticos y actúa como un colchón que protege todos los demás órganos.

El envejecimiento de la piel

Las señales del paso del tiempo se van depositando en el tejido de la dermis, formado por un 70% de colágeno. La dermis está constituida por una red de colágeno y de fibras elásticas, capilares sanguíneos, nervios, lóbulos grasos y la base de los folículos pilosos y de las glándulas sudoríparas.

De esta proteína que es el colágeno tenemos 2 tipos:

• **El colágeno soluble**
• **El colágeno insoluble**

El soluble es el característico de la piel joven, con moléculas muy dinámicas capaces de desplazarse, dando la posibilidad a la piel de absorber humedad. Cuando la piel envejece las moléculas de colágeno tienden a entrecruzarse y a formar el colágeno insoluble. El tejido conectivo pierde su capacidad de absorber humedad y la piel se vuelve seca, menos elástica, lo que favorece la formación de arrugas y su aspecto es menos terso y luminoso.
Los últimos avances en la cosmética científica han proporcionado cremas y lociones con colágeno soluble, que puede ser absorbido por la piel. Aunque éste difícilmente llega a la dermis, es capaz de regenerar la epidermis eliminando el aspecto seco y envejecido.

La dermis es considerada la parte fundamental de la piel porque es donde se encuentra la gran reserva de agua y constituye el auténtico tejido de sostén de la piel gracias a su estructura fibrosa. Consta de dos zonas: la dermis superficial, en la cual se realizan los intercambios nutritivos con las capas profundas de la epidermis; y la dermis reticular, tejido conjuntivo fibrilar en el que convergen multitud de terminaciones nerviosas, capilares y proteínas fibrosas.

La hipodermis separa la dermis de las partes profundas y de los músculos subyacentes. Está constituida por un tejido adiposo. En él, las células grasas están organizadas en lóbulos adiposos separados entre sí por tabiques de fibras de colágeno que sirven de paso a los nervios para llegar a la dermis. La hipodermis confiere a la piel una gran flexibilidad, un aislamiento térmico eficaz y constituye una reserva nutritiva para el organismo.

Los nuevos productos de la cosmética científica, denominados *antiage*, buscan llegar a las capas de la hipodermis para regenerar las fibras de colágeno y estimular su producción.

Las funciones de la piel

La piel es un órgano importantísimo y tiene varias funciones imprescindibles:

• Función de barrera frente a la entrada y salida de sustancias: impide la entrada de sustancias nocivas para el organismo y la salida de sustancias imprescindibles para el buen funcionamiento del cuerpo humano.

• Función de barrera frente a las agresiones mecánicas: la dermis puede soportar fuerzas de comprensión y estiramiento.

• Función de barrera frente a las variaciones térmicas: la piel capta los cambios ambientales e informa de ellos al sistema nervioso central, para que ponga en marcha sus mecanismos de defensa y adaptación.

• Función de barrera frente a los estímulos eléctricos: el estado córneo seco es un mal conductor de la electricidad.

• Frente a los rayos ultravioletas: los organismos se han adaptado a las radiaciones solares mediante la formación de melanina, aunque ciertas radiaciones ultravioletas consigan penetrar y lesionar las células cutáneas.

Las odiadas arrugas

Para las mujeres de edades comprendidas entre los 35 y 45 años el problema de las arrugas supone una de las principales preocupaciones relativas a su aspecto físico. Esta situación ha creado un reto a los principales laboratorios del mundo, que llevan años trabajando en la fórmula ideal para mitigar e incluso terminar con estas molestas huellas, sin necesidad de pasar por el quirófano.

Son más de 15.000 movimientos los que animan el rostro cada día y los que van erosionando la piel, y la contracción repetida de determinados músculos de la cara da lugar a arrugas muy precisas:

• Contracción del músculo frontal, que provoca las arrugas horizontales de la frente. Son las primeras en aparecer.
• Contracción de los músculos elevadores del labio superior producen las arrugas nasogenianas.
• Contracción del músculo orbicular de cada ojo. Éste es el causante de las famosas "patas de gallo".
• Contracción del músculo orbicular de los labios, cuya contracción origina las molestas arrugas del contorno de la boca.
• Contracción del músculo piramidal, que produce las arrugas verticales y horizontales del entrecejo.

Aunque el paso de los años es una causa de la formación de las arrugas, las agresiones externas, el poco cuidado, la falta de humectación, una alimentación poco sana y la sobreexposición al sol también debilitan la dermis y facilitan la aparición de este problema facial. Estos factores hacen que la dermis se afine, el grosor de la piel se reduzca, las fibras de elastina se deterioren y que los tejidos pierdan sus propiedades elásticas.
La repetición de contracciones musculares tiene un claro efecto sobre los rasgos: se crispan, endurecen y deforma la dermis.
Por más que el propósito de este capítulo sea orientar sobre cómo prevenir y atenuar las señales del paso del tiempo, es bueno aclarar en este punto que los ceños fruncidos nos arrugan mucho más, además de que las arrugas en este caso nos brindan un gesto más amargo. Las arrugas de los gestos de la risa son, además de menos marcadas, más vitales y reflejan una cara menos agobiada por los años, que los disfruta.
(Y la mejor manera de demostrar que se disfruta la vida es exactamente eso: disfrutarla).

Algunos de los tratamientos cosméticos que existen en el mercado garantizan una importante reducción de las arrugas:

• Productos *lifting*: generan una acción rápida sobre la piel, con efectos visibles sobre la epidermis y casi inmediato.

• Productos *antiage*: su acción es sobre la dermis, más profunda, por lo tanto de efecto menos rápido pero progresivo y duradero.

La piel y el paso de los años

A medida que la piel envejece, va perdiendo la propiedad de retener la humedad; disminuye la capacidad de producir colágeno y elastina, que son las sustancias que mantienen la "ligazón" de la piel; la circulación de la sangre en la epidermis se hace más lenta y la renovación de las células toma más tiempo.

La edad cronológica y la edad cutánea

Como ya hemos dicho, la piel pareciera desarrollar una vida propia. Desde la infancia hasta la vejez, este órgano pasa por denominadas "siete edades", que aunque genéticamente se encuentran programadas, pueden ser alteradas por el estilo de vida que se lleve y los cuidados que se le prodiguen; por esto nuestro énfasis en cuidar la piel desde la niñez, protegiéndola especialmente del sol, el cual se ha demostrado que es uno de sus peores enemigos, generándole efectos nocivos que no aparecen de inmediato, sino que son acumulativos.

Los cambios que sufre la piel son imperceptibles al ojo humano hasta la aparición, hacia los 35 años, de las primeras arrugas, más conocidas como "líneas de expresión".

Después de los 21 años la piel ya no se regenera al mismo ritmo. Si bien siguen produciéndose nuevas células, esto se hace más despacio, y se producen en menor cantidad.

En nuestra cultura, este proceso, el de envejecimiento, es uno de los más temidos, ya que el endiosamiento de la apariencia juvenil puede acarrear complejos y sentimientos de inferioridad a las personas que, naturalmente, van perdiendo la elasticidad y la apariencia juvenil de su epidermis.

Ante todo, debemos aceptar el envejecimiento como un fenómeno biológico natural e ineludible.

Las personas comienzan a "envejecer" en el momento en que se consigue la madurez de los órganos y cuando se ha concluido con la fase del crecimiento (momento que se sitúa alrededor de los 21 años).

A partir de ese instante, las células que mueren no se sustituyen de igual, y aunque esto no pueda percibirse inicialmente a simple vista, se va experimentando una pérdida paulatina de vitalidad.

Como hemos dicho varias veces, este proceso es perfectamente natural y nos pasa a todos los seres humanos, pero tenemos maneras y maneras de envejecer. Hay factores que influyen negativamente sobre nuestro cuerpo y nuestra piel, acelerando este proceso, como el sobrepeso, una alimentación cargada de carbohidratos, el consumo de tabaco y alcohol, el estrés, la contaminación ambiental, un tratamiento de belleza inadecuado y, a veces, algunas causas genéticas.

¿Cuáles son los factores que aceleran este proceso de desgaste de la piel?

La causa principal del proceso de envejecimiento es la pérdida de colágeno, tejido compacto que mantiene las células unidas. Si bien es cierto que con el tiempo la piel va cambiando y sus estructuras comienzan a tener cada vez menos resistencia, la indiscriminada exposición al sol, la contaminación ambiental, el frío, el viento y la agitación de la vida moderna hacen también que la piel pierda la capacidad de retener humedad, de tal forma que los bordes de las células se doblan y el colágeno se desprende.

Este tejido compacto se deteriora y provoca en nuestra superficie cutánea hundimientos o pérdidas de tejido, lo que en la epidermis se manifiesta en forma de arrugas.

Las moléculas del tejido cutáneo también pierden estabilidad como resultado del paso de los años. Algunos de sus átomos se transforman en los llamados radicales libres, que alteran la estructura de sus proteínas, colágeno y elastina, y provocan el oxidamiento de las grasas que conforman la membrana celular, todo lo cual conduce al envejecimiento de la piel.

Los radicales libres no sólo se encuentran en el interior de las células: también están en el humo del cigarrillo, en el aire contaminado y en las emisiones radiactivas.

Pero podemos hacer mucho por nuestra piel. Si la cuidamos seremos recompensados con una piel radiante, saludable y bella. Si descuidamos nuestra piel el resultado podría ser envejecimiento prematuro, y una piel cansada.

Como ya dijimos, la piel se cuida por dentro y por fuera. Lo que comemos y respiramos afecta nuestra piel tanto como el sol y como los productos cosméticos que nos aplicamos.

PASO 1: ELIMINAR TOXINAS

Para eliminar toxinas contamos con una potentísima arma que está al alcance de nuestras manos: el agua. Si tomamos suficiente agua estaremos continuamente eliminado las toxinas que se acumulan. Lo ideal es beber al menos tres litros de agua por día. Y es una cuestión de disciplina: no puede esperarse a tomar esta cantidad de agua sólo al sentir sed. Un buen consejo es comenzar el día con una infusión caliente de agua y juego de limón, que ayudará a desprender las toxinas que el cuerpo ha acumulado durante la noche. Luego, al salir hacia el trabajo o los estudios, podemos llevar una botella de medio litro de agua, que iremos consumiendo de a poco (recordemos que tomar mucha agua nos hará ir al baño más seguido y debemos evitarnos momentos de incomodidad). Renovaremos nuestra botella de agua las veces que sean necesarias hasta haber bebido al menos dos litros (el tercero podemos completarlo con infusiones o jugos).

Algunos alimentos como las comidas procesadas, especialmente las ricas en grasas saturadas, son dañinas para la piel. Las grasas saturadas incrementan el número de radicales libres y hacen que envejezcamos más rápido.

Un ejemplo de estas comidas son las golosinas, las galletitas dulces, las facturas, las papas fritas, los *snacks*, etc. Los aceites de maíz y algunos quesos son igualmente dañinos.

PASO 2: ¡A SONREIR!

La sonrisa ayuda a relajar los músculos faciales manteniéndolos firmes. Ayuda a tonificar y mantener en su forma original a los músculos que hay alrededor de la boca, evitando que "se caigan". Así que ahora tenemos otro motivo para sonreír.

PASO 3: NO AL HUMO

Una razón más para no fumar y no estar cerca de fumadores frecuentemente. Si fumamos un paquete de cigarrillos al día por dos años o más tenemos el doble de posibilidades de padecer envejecimiento prematuro. La piel de los fumadores difícilmente luce radiante y con vida. Su aspecto es opaco y descolorido, sobresaturado de toxinas en la mayoría de los casos.

Si es que no podemos dejar de fumar porque estamos completamente enganchados con este vicio y abandonarlo se nos complica, o trabajamos en un ambiente repleto de humo y no tenemos la opción de abandonarlo, se recomienda tomar suplementos de vitamina B para neutralizar los efectos nocivos del humo en la piel.

PASO 4: CONTROLAR LA SEQUEDAD DEL AMBIENTE

Nuestra piel, como todo nuestro organismo, está compuesta en su mayor parte por agua. Pero hay agentes externos, como el aire acondicionado, o la calefacción, que le restan humedad, avejentándola. Si en nuestro trabajo hay calefacción o aire acondicionado hay humidificadores que resuelven este problema. Si no, una solución alternativa es colocar un recipiente lleno de agua cerca de la fuente de calor para que, al evaporarse, brinde un ambiente menos seco y más adecuado a los requerimientos no sólo de nuestra piel, sino también de nuestra mucosa respiratoria.

PASO 5: *SHOCK* VITAMÍNICO

Ya hemos hablado del consumo de antioxidantes y su efecto benéfico en nuestras células. Debemos asegurarnos de tener una dieta balanceada, con todos los nutrientes necesarios. Las vitaminas A, C, D y E son especialmente necesarias. El aceite de hígado de bacalao es muy bueno para la piel porque contiene cantidades altas de vitamina A y D y los aceites grasos tan beneficiosos para la piel.

Mascarillas *antiage*

Una opción que se puede elaborar de manera casera y revitaliza la piel. Por supuesto, antes de cada aplicación la cara debe estar bien limpia y exfoliada.

Máscara antiestrés

Con esta mascarilla se relajan las tensiones del rostro y se devuelve el buen aspecto al cutis cansado.
• Hervimos una papa y hacemos un puré. Por otra parte, rallamos otra papa cruda y la mezclamos al puré de la papa cocida.
• Extendemos esta mezcla por la cara y el cuello y la dejamos actuar por 20 minutos.
• La retiramos con agua tibia.

Máscara suavizante

Esta mascarilla es ideal para pieles que están escamosas, ásperas o rugosas, para devolverles su suavidad y su luminosidad.
• Batimos tres cucharadas de crema de leche hasta que la espesamos.

• La mezclamos con una cucharada de miel.
• La aplicamos y la dejamos actuar durante unos 20 minutos.
• La retiramos con agua tibia.

Máscara antiarrugas

Esta mascarilla devuelve la tersura e hidrata la piel.
• Pisamos con un tenedor media palta madura, con una cuchara-
da de jugo de limón, una cucharada de crema de leche y dos cu-
charadas de jugo de zanahoria recién obtenido.
• La aplicamos y la dejamos actuar durante 20 minutos.
• La retiramos con agua tibia.

Máscara hidratante

Esta mascarilla es apropiada para cutis secos y sensibles.
• Batimos tres cucharadas de crema de leche hasta que espese, y
la mezclamos con una yema de huevo y unas gotas de jugo de li-
món hasta obtener una crema.
• La aplicamos y la dejamos actuar durante 20 minutos.
• La retiramos con agua tibia.

Masajes para el rostro

Estos ejercicios ayudan a que la piel del rostro se mantenga más
fresca y vital. Es mejor hacerlos junto a la aplicación de una crema *antiage* de buena calidad.

1. En la parte de la frente presionamos con tres dedos en forma circular y tratamos de formar una letra "e".

2. Estos movimientos deben hacerse en forma ascendente y partiendo desde las sienes.

3. Los músculos del entrecejo se trabajan con la yema de los dedos índice. Hacemos un giro de ida y otro de vuelta y los combinamos con suaves pellizcos, que sirven para estimular la circulación sanguínea.

4. Los párpados deben ser tratados con cuidado ya que es la zona más delicada de la cara. Los superiores deben ser presionados suavemente con los dedos índice desde la punta de las cejas hacia la zona interna del párpado, tratando de no tocar el tejido.

5. Para los párpados inferiores se procede igual pero teniendo más cuidado donde se alojan las ojeras. Se puede aplicar en esa zona saquitos de té frío.

6. Los músculos de la mandíbula, con los que masticamos, deben ser presionados primero hacia arriba como si los dedos caminaran desde el mentón hasta el pómulo, terminando en las orejas. Por último repetimos la operación pero con pequeños golpes y terminamos presionando suavemente con toda la mano como tratando de asir la mejilla.

7. No hay que olvidarse del cuello. Esta zona es muy propensa a arrugarse, ya que tiene una piel muy delicada. Debemos usar una buena silla con respaldo. Dejamos caer la cabeza hacia atrás sua-

GANE DiNERO CORTANDO EL CABELLO |

vemente, y realizamos pequeños golpes desde el pecho hasta llegar a la cabeza. Luego presionamos con deslizamientos alargados hasta llegar a los hombros.

8. Por último un ejercicio fácil para las mejillas: las llenamos de aire como si infláramos un globo y expulsamos el aire apuntando hacia el techo.

Máscaras faciales de elaboración casera

Un rostro joven y radiante

Deshacer unos cuantos pétalos de rosas frescas hasta obtener una pasta. Aplicar sobre el rostro y dejar actuar durante 15 minutos. Enjuagar con agua fría y sin jabón.

• Exfoliante facial
Mezclar una cucharada de miel con dos almendras bien deshechas. Agregar media cucharadita de jugo de limón. Frotar la mezcla suavemente sobre el rostro y luego enjuagar con agua tibia.

• Adiós a los brillos
Hervir una papa, pisarla con un tenedor y agregar el jugo de un tomate. Untar en el rostro y deja secar.

• Exfoliación labial
Untar los labios con bálsamo labial de menta y pasar un cepillo dental suave. Hacerlo delicadamente para no dañar los labios.

página [**71**]

• Máscara antiarrugas

Rallar una papa cruda y mezclarla con té de manzanilla. Utilizar esa mezcla por 15 minutos dos veces por semana en cuello y rostro.

• Cuida tu piel

Para piel castigada por el sol y el viento, utilizar la crema que se obtiene de la mezcla de un aguacate y una cucharada de miel.

• Piel grasa

Pisar una papa hervida y agregarle miga de pan tierno mojada en leche, además agregar unas gotitas de limón y dos cucharadas soperas de leche. Aplicarla y dejarla actuar por 20 minutos. Enjuagar con agua fría.

• Labios secos

Nada mejor para los labios secos que untarlos con abundante miel.

• Pestañas sanas

Para unas pestañas fuertes y brillantes colocar aceite de oliva antes de dormir y dejarlo hasta la mañana.

» MANiCURiA

En este segmento, lo que intentamos es ofrecer algunos consejos para el cuidado de las manos, con el objetivo de poner en conocimiento de quien quiera adosar a la "peluquería casera" el servicio de manicuría, ciertas pautas del cuidado de las manos. Si se quiere profundizar al respecto, existen cursos no muy extensos y poco costosos para instruirse y llevar a la práctica el cuidado de las manos de los clientes.

Consejos para unas uñas bellas y sanas

Para lograr un buen cuidado físico y estético de las uñas, puede ser muy útil seguir estos sencillos consejos y sugerencias:

1. Siempre secarse las manos después de lavarlas o estar en contacto con agua. A las uñas no les gusta la humedad.

2. Usar crema de manos: las uñas se deshidratan fácilmente.

3. Usar guantes plásticos siempre que podamos, cuando tengamos que exponer las uñas a productos químicos como el jabón de lavar platos.

4. Evitar usar agua muy caliente o muy fría para lavarnos las manos: las uñas se secan con las temperaturas excesivas.

5. Darles a las uñas un pequeño masaje con crema o aceite. Es para que recuperen la humedad perdida y se alimenten.

Como vemos, se trata de consejos sencillos, accesibles, que todos podemos seguir y que sirvan para ofrecer un mejor servicio.

Otros consejos

Existen más sugerencias sencillas que podemos seguir para embellecer las uñas desde el punto de vista estético, y desde el punto de vista de la salud natural y el cuidado corporal.

• Un tratamiento exfoliante a base de sal, aceite y limón hace que las uñas se fortalezcan y recuperen humedad.

1. Nos ayuda mezclar sal de cocina, unas gotitas de limón y un poquito de aceite.

2. Luego, masajear las uñas con la mezcla. Esto es muy bueno cuando se tienen decoloraciones en las uñas.

3. Poner las uñas por unos minutos en leche. La leche tiene elementos naturales que nutren las uñas y las hace más fuertes.

4. No cortar las cutículas: además del riesgo de infección que esto conlleva, las cutículas crecen más. Sólo hay que empujarlas con el palito (llamado "de naranjo"), si se mantienen las uñas saludables, las cutículas se mantienen suaves.

• Un tratamiento de emergencia es masajear las uñas con aceite de oliva o con el contenido de una cápsula de vitamina E: hace que las uñas se fortalezcan y sean más flexibles.

• El esmalte de uñas es un protector, pero si se deja el esmalte por mucho tiempo las uñas pueden mancharse.

• Hay que cambiarse el esmalte seguido y dejar que las uñas respiren.

• Las manicuras ayudan a mantener las cutículas saludables, si nuestras uñas tienden a quebrarse, no hay nada mejor que recurrir a la manicura cada semana.

Solución de problemas de las uñas

Unas primeras consideraciones en relación con el cuidado y la solución de problemas relativos a la salud y estética de las uñas (en manos y también en pies), pueden resumirse de la siguiente manera:

• Es bueno tener uñas sanas y largas.
• Usar cremas de manos naturales.
• Usar mascarilla de manos.
• Extremar los cuidados pues las uñas nos delatan y la salud se refleja en las uñas.
• Tener en cuenta recursos alternativos como, por ejemplo, aromaterapia para las uñas.
• Tener siempre en cuenta los cuidados para los pies.
• Realizar masajes en los pies.
• Realizar cuidados para problemas comunes en los pies.
• Apelar a productos alternativos como, por ejemplo, aceite esencial de árbol de té, ideal para tratar los hongos de los pies.
• Considerar que las uñas artificiales crecen en sólo unos minutos.

Cuidado de piel y uñas

Las zonas como la piel y las uñas son "los grandes olvidados" en la salud, puesto que hoy día parece que sólo nos acordamos de ellos en lo relativo a la estética. Cabe decir que los trastornos que pueden sufrir estas estructuras pueden ser muy molestos y preocupantes para las personas que los padecen.

La piel

La piel desarrolla funciones muy importantes como:
• Protección: mecánica (golpes, cortes); térmica (frío, calor) y biológica (virus, bacterias).
• Eliminación y limpieza: evaporamos agua continuamente tanto en forma de sudor como en transpiración.
• Función sensorial: en la piel están alojados los receptores de la sensibilidad.

Las uñas, por su parte, realizarán una función de protección de los dedos.

Problemas más comunes:

PSORIASIS

Es una afectación de la piel que se caracteriza porque las células de la piel se reproducen a una velocidad más alta de lo normal y se forman capas gruesas, que se descaman y enrojecen. No se conoce la causa, aunque problemas en los sistemas de eliminación están presentes y el origen psicológico es muy tenido en cuenta. Puede aparecer en manos y pies.

Consejos:
• aplicaciones de mantequilla;
• arcilla fría;
• dieta depurativa;
• fitoterapia: bardana, aloe vera, pensamiento, pino marino.

CALLOS (DUREZAS)

Es un trastorno local de la piel en el que se endurece una zona, normalmente a causa de una fricción o presión excesivas. Es común en los pies por mal calzado.

Consejos:
• hidratar localmente;
• usar calzado cómodo;
• fitoterapia (a nivel externo): aloe, caléndula, celidonia mayor, higuera, hierba callera.

VERRUGAS

Es un crecimiento excesivo de las células de la piel, muchas veces es a causa de algún virus.

Consejos:
• arcilla fría;

• ajo en rodajas, localmente;
• fitoterapia (a nivel externo): caléndula, celidonia mayor, higuera.

UÑAS FRÁGILES

En situaciones en que hay falta de vitaminas y minerales (especialmente hierro) suele destacarse este síntoma.

Consejos:
• dieta rica en vegetales y frutas;
• hidratación de las uñas;
• fitoterapia: sésamo, levadura de cerveza, aceite de germen de trigo (a nivel externo).

Problemas en las uñas

Consultas y cuestionamientos comunes

¿Qué pasa con la pintura de las uñas y las cutículas? ¿Al pintarnos las uñas nos manchamos las cutículas?

Se recomienda usar poco esmalte para crear una capa fina. Debemos empezar a pintarnos desde la mitad de la uña y extender el esmalte verticalmente. Aunque no es regla, es preferible seguir una sola dirección. Tengamos cuidado de no aplicar esmalte en la cutícula.

¿Qué hacemos si tenemos las uñas manchadas por usar esmaltes de colores fuertes y brillantes?

Los esmaltes de colores oscuros o fuertes no son el problema. El problema está en si no usamos base. La base tiene varias funciones y una de ellas es proteger la uña. También se recomienda dejar que la uña descanse entre cambios de esmalte.

El esmalte se nos pela rápido: ¿Qué debemos hacer?

Apliquemos capas finas y delgadas de esmalte. Esperemos a que cada capa se seque antes de aplicar la capa siguiente. Esto también se aplica a la base.

**No podemos aplicarnos capas finas de esmalte:
¿Qué hacemos?**

Puede ser que el esmalte esté viejo, que no lo hayamos tapado bien, o que esté espeso. Siempre debemos asegurarnos de usar esmalte fresco, cerrar bien el frasco y, si deseamos, podemos guardarlo en la heladera. Con un poco de práctica y persistencia aprenderemos a aplicarnos capas finas.

Se forman burbujas de esmalte sobre las uñas cuando nos estamos pintando: ¿Qué debemos hacer?

No hay que agitar el frasco verticalmente. Se lo puede agitar rotándolo entre las palmas de ambas manos horizontalmente.

Las uñas se quiebran con facilidad y se escaman en las puntas formando varias capas: ¿Cuál es la solución?

En la mayoría de los casos esto se debe a la exposición constante al agua y a químicos fuertes como el cloro o los detergentes. Debemos tratar de usar guantes plásticos para lavar platos o limpiar la casa. Apliquemos crema para mantener las uñas humectadas. Un consejo útil para humectar las uñas es aplicarles aceite de vitamina E.

¿Qué hacemos para que las uñas no se nos quiebren?

Hay que mantener las uñas humectadas. Limarlas en una sola dirección y tratar de mantenerlas bien cortadas, limadas, y si deseamos, con esmalte. La manicura semanal puede ayudar a que las uñas se fortalezcan. No temamos usar las uñas o las manos.

Tenemos líneas en las uñas que se ven feas cuando aplicamos esmalte: ¿Qué se hace al respecto?

Las líneas verticales en las uñas se consideran normales y tienden a aumentar a medida que pasa el tiempo. Si nunca las habíamos tenido, puede haber varias causas incluyendo el estrés intenso. Podemos limar con las limas especiales para esto, que llevan distintos nombres. Usemos alguna de estas limas, que son suaves, y no apliquemos mucha presión.

Las cutículas se ven secas: ¿Hay que cortarlas?

Lo mejor es humectarlas con cremas de manos. Cada vez que podamos, debemos aplicarnos crema, sobre todo después de lavarlas. Hay varios tratamientos que pueden hacerse una vez por semana con la parafina o crema o aceite caliente. Varias manicuras no recomiendan cortar la cutícula porque continúa creciendo cada vez más dura y gruesa. Al cortarla es fácil incubar infecciones. Muchas manicuras la cortan. Si la cortamos, es recomendable que usemos nuestros propios alicates para evitar la contaminación y las enfermedades infecciosas.

Las uñas son muy débiles, se parten y se escaman. Por más que intentemos, siempre se quiebran: ¿Qué podemos hacer?

1. Las uñas están continuamente expuestas al agua y a ingredientes que las secan, como jabones y limpiadores. Esto hace que se pongan débiles, se partan y "escamen" con mayor facilidad.
Lo primero es, desde ya, eliminar la exposición a estos elementos. Para ello, debemos acostumbrarnos a usar guantes plásticos a la hora de lavar platos, limpiar la casa o poner manos directamente en cualquier químico que pueda irritar.
Las uñas se dañan mucho con el agua. Evitar el contacto con el agua es difícil a menos que no nos lavemos las manos frecuentemente y esto no es saludable.

2. Para combatir estos problemas, debemos ponernos crema o aceite cada vez que nos lavemos las manos, y asegurarnos de que también estén cubiertas las uñas.

Otros consejos

• Una sugerencia de muchos esteticistas es que después del baño tengamos a mano un palito de naranjo o cualquier otro material para empujar las cutículas, y aplicarnos aceite en las uñas. Podemos usar un aceite especial para uñas o un aceite de almendras o de oliva con vitamina E.

• Las uñas también necesitan nutrientes incluyendo proteína y calcio. De acuerdo con distintos especialistas médicos, los suplementos de calcio son buenos para fortalecer las uñas.

• Tratar de mantener las uñas pintadas y arregladas, de esta forma el esmalte las protege y estamos más conscientes de cuidarlas.

• También podemos aplicarnos un tratamiento para fortalecer las uñas sin elementos agresivos, o químicos perjudiciales, como el formaldehído. A la hora de quitar el esmalte debemos preferir usar los removedores de esmalte sin acetona.

ASPECTOS
COMERCiALES DEL
EMPRENDiMiENTO

» EL EMPRENDEDOR

Cuando un individuo decide aprovechar sus cualidades y capacidades para iniciar un emprendimiento, debe comprender que será el eje de esa actividad y que de sus comportamientos dependerá el funcionamiento de la misma.

Por tal razón, debe analizarse a sí mismo y comprometerse con el desafío. Los resultados no se consiguen de un día para otro, es decir, necesitan plazos; y estos, generalmente, son largos. Las historias de éxito en poco tiempo o sin esfuerzo pueden existir, pero las mismas son la excepción a la regla y no el patrón general. Un verdadero emprendedor debe tener:

- Paciencia
- Entusiasmo
- Confianza
- Capacidad de aprendizaje
- Capacidad de reacción ante los cambios
- Ilusión
- Motivación
- Optimismo
- Planificación previa

El comienzo

Dar inicio a nuestro emprendimiento puede llevar tiempo, incluso varios meses y nos obligará a establecer objetivos personales por cumplir:

• Comprometernos con un horario diario de trabajo
Sin cumplir horarios a rajatabla, es fundamental que tengamos un compromiso con la actividad y que le demos un cierto tiempo diario. La idea de esta decisión, además de trabajar un determinado tiempo, es no comprometer nuestras demás actividades, como el descanso, la diversión, la familia, los amigos. Ellos deberán aceptar y apoyarnos en el nuevo camino, pero trabajar 18 horas al día tampoco será beneficioso, pues posiblemente ganemos algo más de dinero, pero a la larga lo pagará nuestro cuerpo y nuestros allegados.

• Adquirir las herramientas necesarias
Probablemente muchas de las herramientas necesarias ya las tengamos (peines, tijera, vaporizador, capa, espejo de mano, etc.) o las podemos conseguir prestadas. No se recomienda gastar grandes sumas de dinero en sofisticadas máquinas que quizás no usemos o las empleemos pocas veces. Para equiparnos siempre habrá tiempo.

• Buscar los mejores proveedores para las materias primas que necesitemos comprar, por más mínimas que sean. Asesorarse sobre los comercios en los cuales venden los distintos materiales que vayamos a utilizar. Buscar los que sean mayoristas y pedir mejores precios si compramos por cantidad o regularmente. A medida que nos vayan conociendo en estos comercios podremos operar mediante una cuenta corriente y pagar, por ejemplo, una vez al mes.

La planificación

El plan de funcionamiento está en nuestra cabeza desde hace tiempo y creemos que ya sabemos todo lo necesario. Sin embargo, la primera tarea que debemos llevar a cabo es elaborar ese plan por escrito: ordenarlo, leerlo, corregirlo, analizar punto por punto y respondernos todas las preguntas que puedan surgir. Cuanto más seguros estemos de cada paso, la chance de error estará más lejos.

Básicamente, en nuestra planificación debemos mencionar:

• Objetivos
• Estrategia
• Oportunidades del mercado
• Debilidades y fortalezas de nuestro proyecto
• La amenaza de la competencia
• Nuestra visión y misión

Lo más importante a la hora de comenzar es la "visión" que tenemos de nuestro proyecto. La misma representa el futuro ideal de la futura peluquería en casa. Eso nos permitirá compartir con los demás la iniciativa que hemos desarrollado y escuchar las opiniones de aquellos que nos acompañarán a recorrer ese camino, ya sea apoyándonos (familiares y amigos) o siendo parte del mismo (colaboradores, proveedores, asistentes).

En la visión debemos enumerar qué esperamos del proyecto en unos años; quiénes van a ser las personas que trabajarán con nosotros; y cuáles son las expectativas que tenemos con respecto a nuestros clientes.

La función de esa visión es redactar los sueños que tenemos al comienzo y la dirección que queremos recorrer es una especie de guía para apoyarnos en ella en los momentos complicados o negativos.

El concepto de "misión" tiene la finalidad de dejar en claro a qué se dedicará la empresa para no desviarnos del objetivo propuesto. Esto que parece tan simple, muchas veces es sinónimo de fracaso si no se respeta. En nuestro caso vamos a montar una peluquería en casa y esa debe ser la misión que desempeñe nuestro emprendimiento para obtener la fidelidad de los futuros clientes. En este paso nos tenemos que preguntar a qué nos dedicamos y qué nos diferencia de una peluquería convencional.

Posteriormente pasaremos a un análisis externo de la situación. Este es otro paso determinante en nuestra planificación para conocer las oportunidades y amenazas del medio. Aquí debemos interrogarnos sobre cómo nos afecta el contexto económico de nuestro país; si la economía está en recesión o expansión; qué nuevas tendencias de moda o costumbres debemos considerar; evaluar qué posibilidades de crecimiento posee el mercado del corte de cabello en nuestra región; quiénes serán los clientes que decidan adoptar nuestros servicio, etcétera.

Estos son sólo algunos interrogantes sobre los aspectos más importantes para tener en cuenta. Si las preguntas que nos hacemos o los puntos que nos cuestionamos son más, habrá menos chances de cometer errores.

Al mismo tiempo que analizamos los factores externos, tenemos que examinar de la misma manera todos los factores internos para conocer nuestras debilidades y fortalezas.

Las debilidades son aquellas cosas menos fuertes en la iniciativa y en nosotros mismos. Puede ser la situación financiera (en nuestro caso no es necesaria una gran inversión y no hay que pagar alquiler), la inexperiencia o la falta de clientes.

Las fortalezas son aquellas cosas que nos hacen sentir superiores al resto. Estas pueden ser nuestras capacidades personales, la imagen de confianza que damos, o el servicio que vamos a incorporar al mercado.

Todos estos interrogantes tienen como finalidad minimizar las posibilidades de tropezar y caer, hechos inevitables en cualquier empresa, y en la vida misma. Fallar nos pasa a todos en diversos aspectos y forma parte del aprendizaje personal.

El miedo a que las cosas salgan mal no tiene que ser un freno a nuestras ambiciones, pero al mismo tiempo tenemos que tomar todas las precauciones para evitar los tropiezos y, en caso de ocurrir, estar preparados para superarlos y aprender de ellos.

Una vez que conocemos las amenazas y oportunidades del mercado, y nuestras debilidades y fortalezas, podemos seguir adelante con la planificación. Es el momento de establecer los objetivos por cumplir. Los mismos deben ser:

• Apropiados
Deben expresar lo que se quiere conseguir.

• Prudentes
Los objetivos deben ser coherentes con lo analizado en los pasos anteriores. No podemos aspirar a ubicarnos como líderes en la primera etapa.

• Planificados

Hay que establecer para cuándo se pretenden conseguir dichos objetivos, los iniciales, los intermedios y los de máximo alcance.

• Contables

Es decir, debemos saber en cuánto tiempo se hará, o cuánto dinero invertiremos, o cuántas piezas podremos finalizar.

• Factibles

Esto significa que sean realistas. Se debe apuntar alto, porque se deben tener aspiraciones y luchar por ellas, pero no poner cifras de sueños imposibles en un tiempo igualmente imposible.

Muchas veces todos los pasos que estamos mencionando en esta planificación parecen desmedidos para un micoemprendedor, sin embargo ignorarlos forma parte del primer gran error que se suele cometer y que se suele pagar con la desaparición de gran parte de las iniciativas comerciales personales.

Elaborar una estrategia que tenga en cuenta todo lo que hemos visto es otro paso fundamental. Esto quiere decir que tenemos que trazar un plan a conciencia, teniendo en cuenta todos los elementos anteriores, especificando lo que debemos hacer y lo que no debemos realizar.

En la estrategia no podemos dejar de lado a los clientes, a los proveedores, al mercado, al lugar de trabajo y hasta a nosotros mismos. En resumen, la estrategia es pensar de qué manera llevamos a cabo los objetivos que nos planteamos. Es el producto de todo el análisis anterior en el cual tenemos que aprovechar al máximo las oportunidades y fortalezas y disminuir el impacto de nuestras debilidades y amenazas del medio.

Aunque nuestra empresa sólo esté integrada por uno mismo, y nuestro objetivo inicial sea conseguir "algunos cortes de cabello", seguramente tendremos el sueño de crecer en un futuro y, para eso, se impone un plan de *marketing*.

Tenemos que pensar que por más buena que sea nuestra imagen o la buena calidad que tenga nuestro servicio, si nadie lo conoce no sirve de nada, porque nadie lo comprará. Por tal razón es necesario invertir en *marketing*. Aunque a corto plazo parezca un gasto, es una inversión que tendrá réditos en el futuro.

Esto es una ley básica del *marketing*: el resultado se conseguirá en el largo plazo. El tiempo es algo muy importante.

Hay tres puntos básicos que no tenemos que descuidar en el plan de *marketing*: precio, promoción y servicio.

El precio es un elemento fundamental y estará en nosotros evaluar lo que ofrece el mercado convencional de peluquerías y compararlo con nuestro servicio para establecer los precios. Al mismo tiempo la implementación de promociones siempre acercará a nuevos clientes o fidelizará a los que ya tenemos.

El servicio debe estar acorde con su público objetivo, su estrategia y el resto de acciones de *marketing;* no transmita una imagen y tenga un servicio que en realidad es de otra manera.

Factores de fracaso

Nunca nos tenemos que olvidar que en un mercado tan competitivo, en el que sobran productos y competidores, se hace imprescindible la planificación para evitar algunos de los errores más comunes:

Marketing incorrecto o insuficiente

Podemos ser los mejores o brindar el mejor servicio, pero si nadie lo sabe no nos servirá de nada. Es necesario planificar un *marketing* eficiente para conseguir un volumen de clientes importante.

Planificación fallida

Hay que pensar, meditar y planear todos los puntos de nuestro emprendimiento y ponerlos por escrito, no vale tenerlos en la cabeza, hay que plasmarlos en un plan que aborde las cuestiones esenciales.

Desaliento personal

Hay que estar conscientes de que los primeros tiempos siempre son muy duros, por tal razón no hay que desanimarse ni abandonar el proyecto.

No escuchar al cliente

Ignorar los deseos o la búsqueda del cliente puede ser determinante. Para eso debemos estudiar el mercado y estar atentos a todos los cambios del mismo.

Olvidarse de la competencia

Nunca podemos dejar de lado a nuestros competidores. Ellos intentarán superar nuestros servicios y nosotros tenemos que hacer lo mismo. Estar al tanto de su trabajo nos ayudará a mejorar el nuestro y a ofrecer mejores servicios.

El crecimiento de la microempresa

Un microemprendimiento como el nuestro puede crecer en tal medida que nos veamos en la obligación de incorporar gente para satisfacer la demanda. Y si es difícil iniciar el proyecto, consolidarlo, conseguir clientes y obtener una buena reputación comercial, manejar el crecimiento de nuestro negocio puede ser aún más complejo.

En una actividad como la nuestra, en la cual está de por medio nuestra capacidad y habilidad, esa complejidad es mayor, pues podemos estar frente a la situación de no saber quién está capacitado para mantener la calidad y las características de nuestro servicio. Es posible que nos preguntemos: "¿cómo puedo expandir mi capacidad individual cuando soy yo la única persona con talento para crear este servicio?".

Hay dos grandes posibilidades para superar esta encrucijada:
• delegar inicialmente algunas tareas;
• capacitar a una persona para que, de a poco, vaya aprendiendo a desarrollar nuestra actividad.

A buscar clientes

Nuestra "peluquería casera" ya está en marcha. Tenemos un lugar de trabajo, elaboramos un plan, ejercitamos y presentamos los servicios. Ahora necesitamos clientes.

En un emprendimiento como el nuestro, lo mejor será difundir nuestra labor entre la gente conocida, mediante el "boca a boca". Contarle a los familiares, amigos, vecinos, a los padres de los compañeros de escuela de nuestros hijos, etcétera.

También podemos realizar demostraciones a esas personas para que conozcan nuestro trabajo.

Piense el siguiente cuadro de situación:

Si tiene hijos en edad escolar, en el curso al que acuden encontrará 20 ó 30 potenciales clientes. Generalmente los cortes de los niños de esa edad no son muy complejos y en muchos casos, por epidemias como la pediculosis, las madres prefieren los cortes cortos para los niños y sencillos para las niñas.

Por eso, apuntar a ese mercado inicialmente puede ser muy beneficioso. Primero porque es accesible ya que a las madres de esos niños seguramente las ve todo los días. Y segundo, porque si el servicio que prestamos es bueno, es altamente probable que en un futuro la madre también sea clienta.

Al comienzo, tal vez como forma de promocionar nuestro servicio, se pueden ofrecer algunos cortes gratuitos para que vayan creyendo en nuestras habilidades. De esa manera, si bien no se logran ingresos, tampoco se invierte en promoción y la mejor manera de ganar cliente será demostrando que se puede reemplazar al peluquero tradicional.

Otros escenarios donde pueden encontrarse potenciales clientes:
• Las reuniones familiares
• El club
• Otros eventos

Soportes promocionales

Si bien, como ya dijimos, la mayoría de los clientes serán alcanzados por el "boca a boca", es imprescindible contar con elementos que reflejen el tipo de servicios que ofrecemos.

Hoy en día, si no se cuenta con una computadora personal en el hogar, se puede acceder a centros especializados de copiado y armar una pequeña carta de presentación (de un tamaño no mayor a los 10 x 14 cm) con los servicios que ofrecemos. De esa manera, más allá de que nuestros amigos y familiares nos conocen y saben nuestro teléfono, no está de más que sepan que el emprendimiento "va en serio" y cuáles son los servicios que ofrecemos (de peluquería u otros como manicuría, depilación, etc.).

Como ejemplo, se ofrece una idea de carta de presentación que se puede imprimir en cualquier impresora y del primer original hacer las fotocopias necesarias.

CORTES PARA NIÑOS Y ADULTOS

mary

P E L U Q U E R Í A

Además...
- depilación
- manicuría
- máscaras faciales
- elaboración de cosmética natural

LA MEJOR ATENCIÓN
AL MEJOR PRECIO

CON CADA CORTE,
TE INVITAMOS UN CAFÉ O JUGO

Dirección
Teléfono / Correo electrónico

» GLOSARiO DE TÉRMiNOS

PINZAR

Acción de tomar un mechón de cabellos entre los dedos índice y anular.

MECHA

Conjunto de cabellos que se toman entre los dedos índice y anular para efectuar el corte.

ALZADA

Suplemento plástico que se calza en el cabezal de la máquina, permitiendo el distanciamiento entre el filo de corte y el cuero cabelludo, para lograr el largo deseado.

TORZADA

Acción de tomar una mecha de cabello y retorcerla en un mismo sentido.

DIFUSOR

Suplemento plástico que se aplica a la boquilla del secador pra lograr un flujo de aire no directo, sino envolvente.